公務員の「課長」の教科書

松井 智［著］

学陽書房

はじめに　楽しくて、充実した管理職の旅へようこそ!

「職員をまとめて仕事の成果を上げるコツはありますか?」

「職場や事業を改革・改善していく上で留意すべきことは?」

「市長、議会、住民対応を上手くこなすにはどうしたらよいですか?」

私が現在、部長職として、庁内で若手管理職や管理職昇任待機者と一緒に行っている自主勉強会では、こうした質問が数多く出されます。

係長の仕事をしながら、課長の仕事を見て覚える時間的な余裕があった一昔前とは異なり、係長経験を十分積まないまま、課長に昇任する人が多い時代になりました。

課長になると、組織のリーダーとして管理監督の役割を強く担います。また、プレイヤーを卒業し、マネジャーとして自らの判断をもとに、人を動かして成果を上げることが要求されるようになります。さらに、会議を仕切り、住民対応や議会対応を行うなど、ある意味で、係長とは違う「次元」の仕事をするようになります。

こうした変化や責任の重さに不安を抱く人もいますが、心配はいりません。

私たちは公務員として、「住民の役に立つ仕事をしたい」と思ってこの仕事に就き、「住民福祉の向上」のために仕事をしています。管理職であれ、一般職員であれ、公務員として「共通のDNA」を持っているのです。課長になっても、これまでの信念を胸に、**孤軍奮闘するのではなく、職員と一体感を持って自治の仕事をする意識を持ち続ける**ことで、課長として組織をまとめ、仕事を進めることができます。

本書では、課長に求められる仕事のノウハウについて、7部構成でお伝えします。

STEP1は、新任課長がまず取り組むべきことをまとめました。これがわかれば、昇任直後の方も、管理職としてよいスタートを切ることができます。

STEP2は、チームとしての職員を動かす方法、STEP3は、部下指導です。明確な方針を示し、全員の力を結集し、1人ひとりの成長を促すノウハウをお伝えします。

STEP4は、話し方、STEP5は、会議の作法です。課長として、人前で説明し、メッセージを発し、会議を取り仕切るコツをお伝えします。

STEP6は、議会対応です。自治体の管理職として必須のスキルですが、ポイントを押さえれば、恐れることはありません。

最後のSTEP7は、組織内外での調整・交渉です。課長としての仕事の集大成ともいえるでしょう。自ら判断し、課題を解決するために必要なことを盛り込みました。

課長になり、自分の裁量で仕事をこなしていけるのは、とても楽しいことです。**どんな職務に就いても、課題を見つけ、楽しく仕事をする姿勢を貫いてください。**課長が仕事を楽しむ姿勢、周囲を信頼する姿勢は、周りの職員に元気を与え、さらに、仕事が楽しくなるという、正のスパイラル（好循環）をつくっていきます。

さあ、皆さんも、課長として、自治体を運営する醍醐味を感じることができる、「楽しくて、充実した管理職の旅」に出ることにしましょう。

本書が、その小さな羅針盤となることを願っています。

本書で伝えたいこと

- ☑「住民福祉の向上」という公務員のDNAを忘れない。
- ☑周囲を信頼し、課長の仕事を楽しもう！

CONTENTS

STEP 1 課長になったらまずやる7つのこと

STEP 2

チームを率いて、成果を上げる

STEP 3

部下を指導し、成長させる

STEP 4 発信力・発言力を高める

STEP 5

会議を制する

STEP 6

議会対応を身につける

STEP 7
組織内外で調整・交渉する

STEP

1

課長になったら まずやる7つのこと

01

変化への戸惑いを受け入れ、覚悟を持つ

「課長！」と呼ばれることに慣れる

4月の異動は、これまでとはまったく違った、新たな気持ちで迎えることになります。異動準備で見慣れた職場の風景も、いざ課長席に座った瞬間、がらりと印象が変わります。

課長の椅子に座って前を見ると、目の前に全職員が座っていて、自分の後ろには誰もいない状況は、なんとなく落ち着かないもの。それに加え、係長時代も含めて、これまでは○○さん、○○係長、と名前で呼ばれていたと思いますが、課長は1人なので、誰もが「課長！」とあなたを呼びます。

私も新人課長として着任したとき、組織の中で独立した職務を担うという認識を新たにするとともに、孤独感を感じ、落ち着かない気持ちになったことを今でも覚えています。毎年度、課長昇任の挨拶に来てくれる人がいますが、多くの人が、同じよう

な気持ちになるようです。

これは誰もが通る道ですが、次第に慣れます。時間が解決してくれますから、割り切って、気持ちを切り替えることが、課長としての第一歩です。

プレイヤーから脱却する

こうして、慣れない環境で課長の仕事がスタートすることになりますが、もう1つ、気持ちを切り替えていきましょう。課長として昇任したあなたですから、係長時代を含め、自ら実務をこなし、いわば、優秀な「実務者」（プレイヤー）として活躍してきたことでしょう。

しかし、今後は、課長として、組織をまとめ、仕事を管理し、職員の育成を行うなど、マネジメントの役割を多く担います。

課長として実務を行うこともありますが、その割合や内容は、これまでのプレイヤー時代とは異なってきます。これまで、さまざまな成果を上げてきたからこそ、「自分がやったほうが速い！」と思うこともあるでしょう。しかし、これからは、**プレイヤーを卒業し、組織の1人ひとりの力を最大限に発揮させて成果を出す**、マネジャーに徹するよう、気持ちを切り替えていきましょう。

若手管理職との話の中でも、「自分の思い（やりたい仕事）を実現しやすくなる」「来年、再来年の流れを見て、今年度準備すべきことを考えながら仕事をするのは面白い」「他部署の課長や部長、副市長と話をして、予定になかった仕事でも具体的に進めていけるのが課長としての仕事の醍醐味」などの意見が出されます。マネジャーとしての仕事は魅力に満ちているのです。

課長の役割を果たしきる

組織が上手く機能していくためには、リーダーの存在が不可欠です。

課長として昇任したあなたが、組織のリーダーとしての役割を果たすことになります。いわば、**組織という舞台に立ち、課長の役割を演じる覚悟が求められている**のです。ときには職員や住民、議員に自分の意思とは異なる台詞を言わなければならない場面も出てくるでしょう。しかし、それが組織から求められているならば、そのジレンマを乗り越える必要があります。それも、管理職に求められる役割の1つなのです。

ただ、昇任直後は、気負いすぎに注意してください。

4月末のある日、保育課長として昇任したMさんに会ったところ、あまりに顔色が悪いので理由を聞いてみました。すると、「保育所開設の住民説明会までに、制度の詳細を覚えるため、睡眠時間を削って準備しているんです……」とのこと。

課長としての役割をしっかり果たすことはとても重要です。しかし、あまりに気負い過ぎて体調を崩しては元も子もありません。ときには肩の力を抜いて構いません。そして、部下・上司の力を借りてよいのです。**1人で抱え込まずに、周囲と協力して、仕事をこなすことも、課長の役割として大事**なことです。

新任課長の心構え

- ✓ **「課長!」と呼ばれる環境に早めに馴染んでいく。**
- ✓ **課長職を演じる覚悟は必要だが、あまり力まないでスタートしよう。**

02

担当職務の概要・経緯・現状をつかむ

係長からレクチャーを受ける

異動後は、できるだけ早く新しい職務の概要を把握することが大切ですが、課長になると、これまで以上にスピードが求められます。

担当職務の概要をつかむ時間の目安は、課長で3日、係長で1週間、係員で1か月くらいでしょうか。課長になると、すぐに住民対応や議会対応が求められる場合があるため、着任後は直ちに大まかな職務内容を把握し、課題を理解する必要があります。そこで、前任課長からの引継ぎに加え、係長からレクチャーを受け、係ごとの職務内容や課題を把握しましょう。係長との人間関係を構築する目的も果たせます。

まず、係長会を開催し、各係長からレクチャーを受ける日程の設定を行います。自分と同時に異動した係長については、レクチャーまでに時間的な余裕を持たせ、次席職員にも同席してもらうように配慮するとよいでしょう。こうした配慮も含め、言葉にして明確な指示を出すことが重要です。

係長からレクチャーを受けたら、「短い準備時間でしたが、細かく説明してもらって助かりました。ありがとうございます。さすが、○○係長ですね。これからもいろいろ相談させてくださいね」と、言葉に出して、ねぎらうことを忘れないでください。信頼関係を築くには、最初が肝心です。

議会議事録を活用しよう

係ごとの職務内容や課題を把握したら、議会の動向をチェックしておきましょう。

多くの自治体では、議会議事録（会議録）をインターネットで公開しています。**議会議事録の直近3年分はチェック**したいものです。しかし、全部読んでいてはいくら時間があっても足りません。たとえば「企画課長」など、自分の役職名で検索し、前任者の発言が特定できたら、その前後のやり取り、特に、議員の質問と前任課長の答弁を把握します。

以前、私が企画課長に異動したときは、震災復興時の被災した建物の扱いが論点になっていました。議事録では、「文化財として位置づけるべきではないか」との議員質問に対して、「歴史的な価値は否定しないが、文化財として位置づける考えはない」という答弁がなされていました。後任課長としては、当面は、これまでの考え方を引き継ぐことになります。「課長が変わったから、自分に有利な答弁を引き出すチャンス」と考える議員や住民がいるかもしれません。そのため、論点になっている事柄は議会議事録でもしっかりチェックしておきましょう。なお、判断に迷ったら、部長に相談することも大切です。

職務理解の目安を設定する

さて、課長としては、どのレベルまで職務を理解したらよいのでしょうか。

私は、部長として、新年度異動してきた課長には、まず「自分1人で窓口での住民対応ができるようになることを職務理解の目安にしてほしい」と伝えています。

たとえば、生活保護課長であれば、新規相談から生活保護開始までの作業を、係員と一緒に実施してみましょう。引継ぎやマニュアルを読んだだけではわかっていなかったことが、よく理解できるはずです。窓口のない職場の課長に昇任した場合には、係員の職務を1人でこなすことを目安にするとよいでしょう。

また、保育課長など、出先の現場を抱える課長になった場合には、現場理解を深めることがポイントです。出先職場の職員は、「自分たちは本庁職員に比べて、放任されている」という認識を強く持っている傾向があります。出先職場の職員も管理する役割を担う課長として、今後仕事をしやすくするために、現場を理解するよう、**なるべく早い時期に現場を一通り訪問**してください。

職員が、「今度の課長は、現場を大切にしてくれるようだ」という期待や信頼を寄せてくれることはもちろん、議会において、現場のリアルを踏まえた力強い答弁をする際にも役立ちます。

新任課長の心構え

- ☑ **係長からのレクチャー、議会議事録で職務理解を進める。**
- ☑ **1人で窓口対応ができるレベルまで担当職務を理解する。**

03

明るく元気な挨拶で職場の雰囲気をつくる

課長から、朝の挨拶を明るく元気にする

課長が組織をまとめ、成果を上げるためには、職場全体がよい雰囲気に包まれていることが大切です。

単純なことかもしれませんが、朝は少しテンションを上げて、大きな声で「おはようございます！」と挨拶をする習慣をつけましょう。どんなに疲れていても、朝の挨拶だけは、この調子で行ってください。

元気で明るい課長を見ると、「今日も課長は元気だな」と職員が認識してくれます。小さな声でぼそぼそ挨拶をすると、なんとなく、職員の挨拶の声も、小さくなりがちです。また、時折、「挨拶は部下からするもの」と思っている人がいます。しかし、挨拶に上下関係はありません。**上司から率先して挨拶するだけで、職場の雰囲気は必ず明るくなり、仕事にもいい影響を与えます。**

舞台俳優のオープニング挨拶が暗くて陰気では、会場は盛り上がりません。毎日の元気な挨拶で、職場の幕開けを実践しましょう。

職員との距離を縮める「職場の歩き方」

課長になると、職員1人ひとりとの関係も築いていかなければなりません。

近年では、目標申告の制度が広がり、多くの自治体で課長と職員の定期的な面談を実施していると思います。また、職員のメンタルヘルスにも配慮することが求められています。

そこで、自分の職場の全体図を思い浮かべてください。課の入り口から、課長席まで、いくつのルートが考えられますか？　比較的少人数の課であれば、職場の真ん中を通りましょう。また、職員の多い職場では、職員の顔が見えるよう、毎日同じルートを歩くのではなく、**複数のルートを通ってみてください。**こうした日常の少しの工夫で職員との距離を縮める努力をしていきましょう。

職員の小さな変化や仕事に関心を持つ

また、このとき、職員の変化にも気を配るようにしてください。

たとえば、昨日体調を崩して休んだ職員がいたら、「体調は大丈夫ですか?」と声をかけましょう。また、時期的に残業が続くようであれば、「そろそろ終わりが見えてきましたか?」など、一言職員に声をかけていきます。

そうすることで「課長はよく見ていてくれる」「細かな仕事まで把握していてくれる」と職員との信頼関係の構築につながっていきます。

新任課長の心構え

- ✓ 毎朝の明るく元気な挨拶を繰り返すことで、職場の雰囲気をよくする。
- ✓ 職員1人ひとりに関心を持ち、会話を重ねることで信頼関係を築く。

04

常に見られていることを自覚する

見つめられている自分を意識する

私が課長だった頃、職員との異動ヒアリングや異動挨拶で、「〇〇課長がいるので△△課に異動したい」「××課長がいると思ったので異動を希望したのに、課長が異動するなら残留すればよかった」といった言葉をよく聞きました。反対に、「あその課長とは一緒に仕事をしたくない」などといった声もありました。

「今まで一度も一緒に仕事をしていないはずなのに、職員は課長をよく観察しているものだ」と感心したことを思い出します。

自分が思っている以上に、職員は課長をよく見ています。自分の行動を逐一気にすることはありませんが、職員からは常に見られている存在であることを意識しておきましょう。

意外と重い課長の一言

「民間保育園なら、普通にできていることが公立保育園でできないのは情けない」

私が保育課長を務めていたときに、園長会の場で発した一言です。10年以上経った今でも、当時の園長先生とお会いすると、真顔で言われます。「あのときはひどいことを言われた」と。私としては、感じたことをそのまま口にしただけでした。しかし、言われた側は、想像以上に重く受け止めていたのです。

課長になっても、昇任前の感覚で職員と話をすることがあります。

「同じ組織の一員であり、仲間だ」という認識から、課長と職員という関係を意識せず、同じ立場の気持ちで話をしてしまうのです。こうした認識は、一体感のある職場づくりには大事なことです。しかし、**何かを指摘したり、指導したりする場合には、言葉の重みを念頭に置く**必要があります。

小奇麗な身だしなみとＴＰＯを意識する

職員が見ているのは、指摘や指導・指示、仕事に対する振る舞いだけではありません。意外かもしれませんが、服装や身だしなみのこともよくチェックしています。

たとえば、県から障害児通所施設に赴任してきた女性のK所長。入園式で高級ブランドスーツにハイヒールと隙のないいでたちで挨拶したところ、職場の大半を占める女性保育士たちの反感を買うことに。以来、異動するまで職員の間では「ミニスカ所長」と呼ばれていました。

他にも、肌着を着用せず、薄手のYシャツ1枚で仕事をしていたため、女性職員から嫌悪感を持たれ、最終的に係長からそっとアドバイスをしてもらい、ようやく肌着を着用した男性のH課長など、身だしなみの失敗事例は多数あります。

私も以前は、あまり服装を気にするほうではありませんでした。しかし、あるとき、先輩課長との飲み会で、「スーツはいわば戦闘服だ。意外と襟元のネクタイのだらしなさなど、職員は見ているからきちんとしろよ」と言われて以来、気をつけるようになりました。

職員にとっては、男性・女性に関係なく、**自分のボスにはいつでもカッコよくいてほしい**もの。決して高価な服を着るべきということではありません。しかし、仕事面だけでなく、TPOも考えて、身だしなみにも配慮したいものです。

昇任・異動直後は「お手並み拝見」

課長は職員から常に見られている存在ですが、昇任や異動の直後はなおさらです。

全職員の顔がほとんど見える（100人未満）の小規模自治体であれば、人となりや評価は従前から認知されていると思いますが、課長に昇任すると周りの見る目がこれまでと変わります。自分から発言や服装にも留意して職員から、「お、あいつも頑張ってるな」と思ってもらうことも大切です。一方、数百人規模であれば、「どんな人だろう？」と注目されると思います。ベテラン職員は「お手並み拝見」といった様子で、課長としての振る舞いを見ているかもしれません。いずれにしても、課長になれば、部下から「評価」される存在になることを意識しておきましょう。

新任課長の心構え

- ✓ **課長の一言は重みがある。指摘や指導の場面では特に留意しよう。**
- ✓ **職員から見られていることを認識し、身だしなみにも配慮を。**

05

次の異動までに「何を行うか」を決める

課題を整理する

一通り職務の概要を理解したら、課題の整理を行います。

まずは、予算書の事業ごとの課題整理表を作成しましょう。Ａ４判で1枚程度に、**①事業名、②法令や計画上の位置づけ、③取組みの概要、④課題、⑤課題ごとの取組みの方向性、⑥取組み体制、⑦年間計画、⑧特記事項**を端的に記していきます。記入にあたっては、エクセルなどで項目ごとに記入表を作成するのがよいでしょう。こうすることで、他の職務についても、同様の視点で検討することができます。

たとえば、あなたが保育課長であれば、どうでしょうか。

「市立保育園の整備拡充」が①だとすれば、②は、市における子ども・子育て支援事業計画・児童福祉法などとなります。③は、待機児童解消に向けて、保育所○園の整備を行うなどとなります。④は、活用できる公有地の検討、開設保育所の近隣住民対策となり、⑤で課題に対する取組みの方向性を対応する形で整理します。⑥は、全庁的なプロジェクトチームを立ち上げるとともに、課内分掌事務を見直し、専属対応職員を配置するなどになります。⑦は、取組みの年間計画を4半期ごとに想定していきます。

こうしたペーパーは、課題ごとの視認性が高まり、取組み内容が薄かったり、課題の認識が不足したりしている部分を把握でき、いつ、何を、どのように実施するかを可視化し、計画的に事業を執行するためにも役立ちます。

また、係長と相談しながら整理すると、仕事を進める上での認識を共有することができます。さらに、出来上がった課題整理表を、部長へのレクチャーペーパーとして活用し、部長とも取組みの方向性について確認をするとよいでしょう。

長期工程表を作成し、年度ごとの目標を立てる

課題を整理したら、さらに長期工程表（32・33頁）を作成するのがおすすめです。

多くの自治体では、概ね3年ごとに予算計画を伴った実施計画を策定しています。また、4年に一度首長・議員選挙があります。事業を進めるには、こうした要因を押

さえておくことが大事です。たとえば、各種利用料金の値上げ、施設の統廃合などは、選挙前の年度に大きく前進させるのは難しいもの。そこで、こうした**複数年度を見据えた取組みを俯瞰できると、個別施策に対するビジョンもより明確に**なります。

具体的には、A3判の用紙に印刷できるよう、表側に事業名、表頭には、当年度から4年間の枠を作り、その下を月ごとに区切ります。こうして出来上がったマトリックスに、いつ、何を、どこまで実施するか、横線を活用して計画化していきます。

当然、想定どおりに物事は進みません。しかし、長期的な全体像を常に把握できるようになると、部長になったときに、年度ごとの部内全体での事務量の調整なども行いやすくなります。課長として次の異動までに何を実施し、次の課長に引き継ぐのか、大きな絵柄をイメージしながら、仕事を進めていきましょう。

新任課長の心構え

- ☑ **把握した課題は、事業ごとに整理し直し、分掌事務全体を俯瞰する。**
- ☑ **上位計画との整合性など、複数年度を見据えた取組みを想定する。**

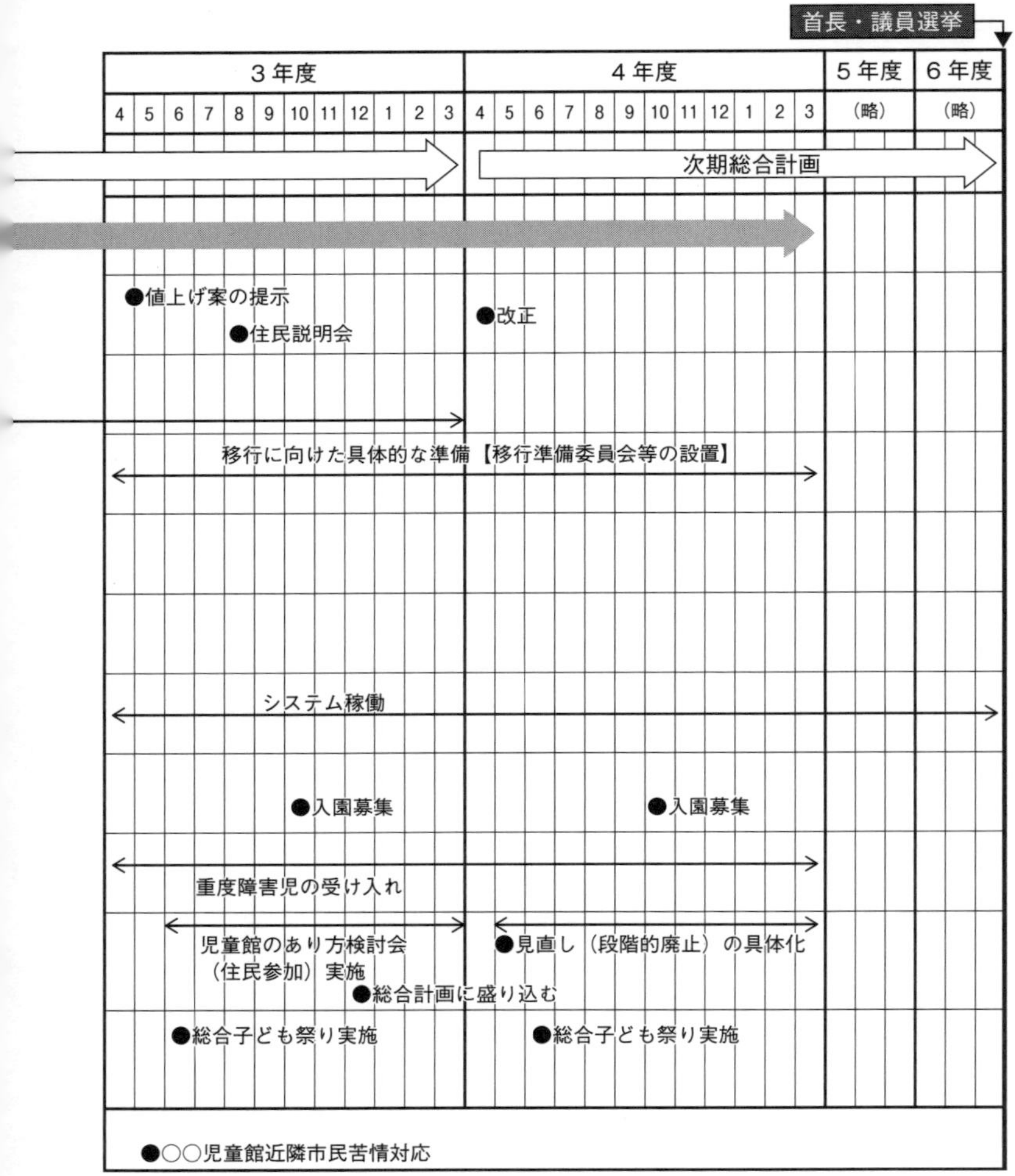
首長・議員選挙
3年度
4年度
5年度
6年度
4 5 6 7 8 9 10 11 12 1 2 3 4 5 6 7 8 9 10 11 12 1 2 3
（略）
（略）
次期総合計画
●値上げ案の提示
●住民説明会
●改正
移行に向けた具体的な準備【移行準備委員会等の設置】
システム稼働
●入園募集
●入園募集
重度障害児の受け入れ
児童館のあり方検討会
（住民参加）実施
●総合計画に盛り込む
●見直し（段階的廃止）の具体化
●総合子ども祭り実施
●総合子ども祭り実施
●○○児童館近隣市民苦情対応

長期工程表の例（保育児童課の場合）

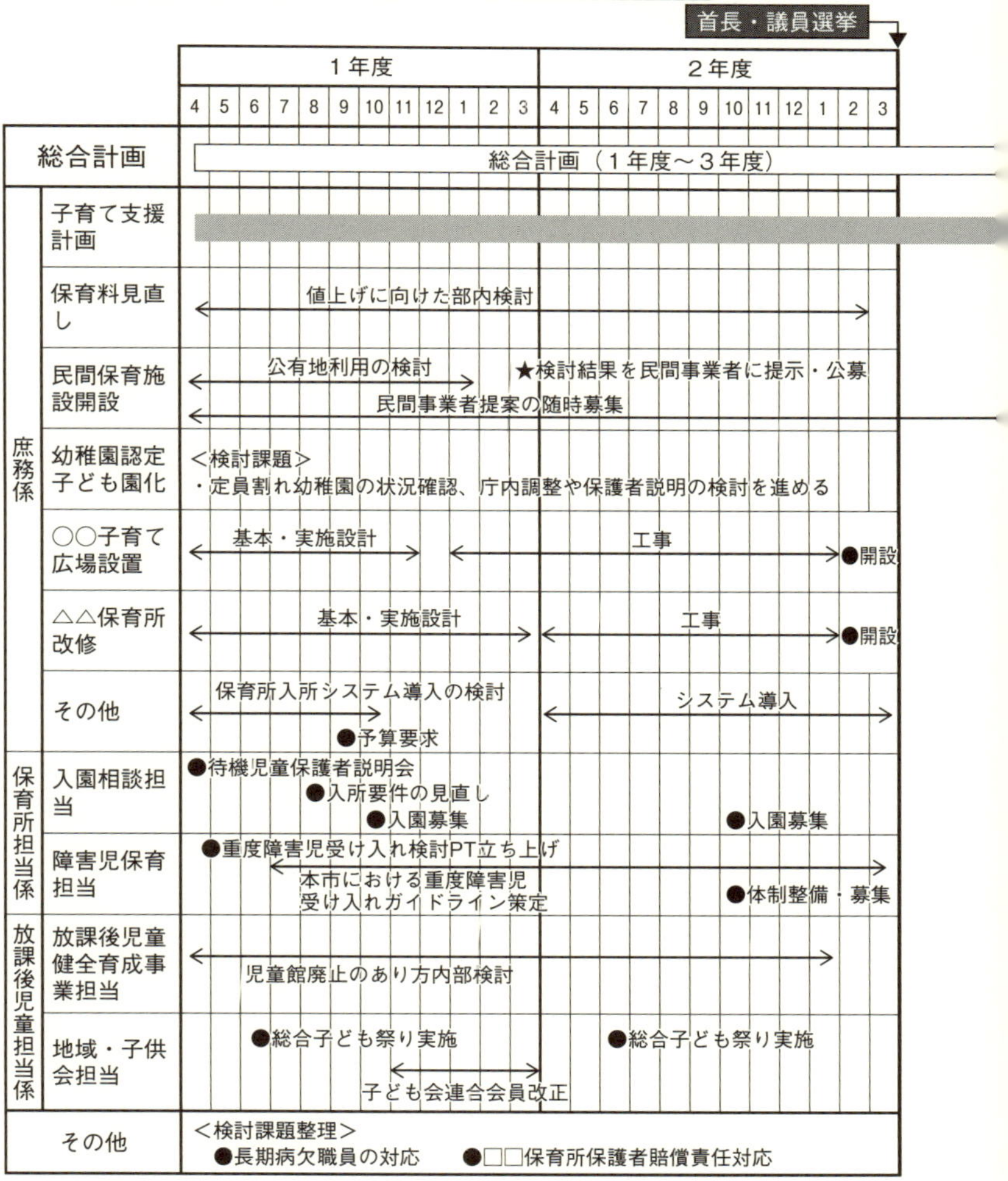

06

「略す」「省く」「任せる」を徹底する

「安・楽・正・早」をモットーにしよう

課長は組織全体の仕事をマネジメントしますが、議会対応など、課長自らが行わなければならない仕事もたくさんあります。そこで、課長の仕事もできるかぎり効率化していきましょう。

「安楽正早（あんらくせいそう）」あるいは、「正早安楽（せいそうあんらく）」、という言葉を聞いたことがありますか？

係員時代の研修で学んだ人もいるかもしれませんが、課長になっても、「安く・楽に・正確に・早く」は仕事の基本です。短期・長期工程表から、仕事の優先順位を考えて、「安く＝効率的に」。同じく工程表から仕事の進行管理を徹底して「楽に」。職員と課長のダブルチェックでより「正確に」。職員全員の力を終結し、任せることを基本として「早く」。

優秀な職員だからこそ持つ「自分がやったほうが早い」という意識を捨てて、**「みんなでやったらもっと早く成果が上がる」**ことが実感できるように取り組んでいきましょう。

進行管理のポイントは、進捗2割でのチェック

課長として部下に信頼されるためには、無駄な指示をしないことが重要です。新たな仕事の指示を出す場合は、まず、その内容について丁寧な意識合わせをします。次に、進捗2割の段階で仕事の状況を確認します。その段階での修正であれば、残りの8割の仕事は無駄になりません。しかし、8割近く仕事が進んだ段階での修正では、それまでの作業が無駄になり、職員には課長の指示への不信感が残ってしまいます。

だからといって、細かなチェックをされるのは、職員としてもやりにくいもの。はじめの丁寧な指示と進捗2割でのチェックをしっかりと行い、後の細かなチェックは省いていくことで、職員の信頼を得ていきましょう。

仕事を抱え込むのをやめる

組織が活性化するためには、職員がいつでも課長に相談できる雰囲気をつくることが重要です。しかし、相談しようと思ったとき、課長が一心不乱に仕事をしていたら、なかなか相談はできません。

そこで、課長は職場では余裕を持った態度を見せる必要があります。そのためには、課長が1人で仕事を抱え込まず、余裕を持って仕事をすることで、**いつでも相談できる雰囲気をかもし出す**ことが大切です。係長との仕事の分担、課内のコミュニケーションの活発化で、成果を上げる組織風土を構築していきましょう。

なお、忙しいときでも、笑顔でいられる演技力も必要と覚えておきましょう。

新任課長の心構え

- ✓ **チームで仕事をする意識を高め、新たな指示は進捗2割でチェックする。**
- ✓ **職員が相談できる雰囲気をつくるために、仕事を1人で抱え込まない。**

07 意思決定のスピードと質を意識する

アンテナを常に高く持つ

課長になると、いろいろな場面で判断することが求められます。

以前、自らの指示や判断と部長や首長の指示が異なると、「えー、そんなこと言ったかなぁ。いや、いや、いや、いや、違うと思うよぉー」と言うのが口癖の課長がいました。誤った判断をした上に、その誤りを認めません。当然、職員は面従腹背。他部署の職員もできるだけ関わらないようにしていました。

常に正しい判断を行うことは難しいものですが、判断の精度を上げる努力は必要です。国や都道府県の動きに敏感になり、自らの職務と関わりのあるものは、ネット情報だけでなく正確な情報を把握するように努めていきましょう。

課長同士の横の連携を強くする

判断の精度は、正確な情報が多ければ多いほど、上げることができます。あなたの自治体全体のタイムリーな情報も、課長としての判断にはとても大切です。議会の動向なども、その重要な要素になります。

現代社会はＳＮＳでの情報共有が当たり前になりましたが、課長になったら、ぜひ、部長との密接な連携、さらには、同僚の課長と、直接会って話をすることによる情報共有を大事にしていきましょう。課長同士であれば「課長止まり」といった情報を共有することができます。判断に必要な情報は、直接会うことによって得られることが多いものです。

機会があれば、管理職同士で、定例の勉強会（と懇親会）を開催するのもよいと思います。ある意味で、管理職は組織の中で「孤独」な存在でもあります。それだからこそ、**管理職同士が人間関係を築き、悩みや課題を共有することが、とても重要**なのです。

学ぶ姿勢を持ち続ける

課長としてスタートした皆さんに、ぜひ、取り組んでほしいことをこの章の最後にお伝えします。

管理職のスタートとともに、これまで以上に自分から学ぶ姿勢を持っていきましょう。書籍などでの勉強とともに、他の自治体の職員の人と一緒に学ぶ機会を大切にしてください。私も、これまでこうした勉強会を通して得た情報から、たくさんの仕事上のヒントを得てきました。こうしたヒントから、「特色ある空き家対策事業」を展開できた経験もあります。他の自治体の人とつながることで、あなたの政策提言力を発揮することにもつながっていくと思います。

新任課長の心構え

- ☑ 国や他の自治体の情報を把握し、自らの職務に活かしていく。
- ☑ 管理職同士の横の連携を強めて、判断の精度を上げていく。

［よくある質問①］

課長のワーク・ライフ・バランス

Question

「仕事」と「家庭」を両立するポイントはありますか？

Advice

管理職への昇任を望まない女性職員の中には、仕事と家庭の両立に不安を持つ人も少なくありません。そんな中、保育園に２人の子どもを預けながら、課長としての仕事もしっかりとこなしている女性のＩ課長に仕事と家庭を両立するポイントを聞いてみました。①仕事面では「先を読んでスケジュールを立て、それを係長と共有しておくこと」②家庭面では「夫婦間で積極的にコミュニケーションを図ること（保育園の送迎の分担や今の仕事の状況、抱えている課題の緊急度・重要度等をきちんと説明する等）」とのことでした。

また、現在の仕事は予定が不明確なことが多いため、保育園の送迎が役割分担どおりにいかないことが多々あり、仕事面では繁閑の予測を、家庭面では理解し合うことをより強く意識しているそうです。

私が部長として課長に指導する際は、仕事面では前例にとらわれず効率化、業務改善を積み重ね、定時に帰る日を決めてなるべく残業をしないように伝えています。また、私も共働きで子育てをしてきた経験から、子育て中の職員には、「完璧な母親、父親を目指さず、相手にも求めない」「大変な時期は、自分だけで抱え込まず、ネットスーパーや宅配サービスなどを有効に使う」など、家庭生活は「いいかげん（いい加減）」が大事だとアドバイスしています。仕事と家庭の両立を図り、充実した公務員人生を送りましょう。

STEP

2

チームを率いて、成果を上げる

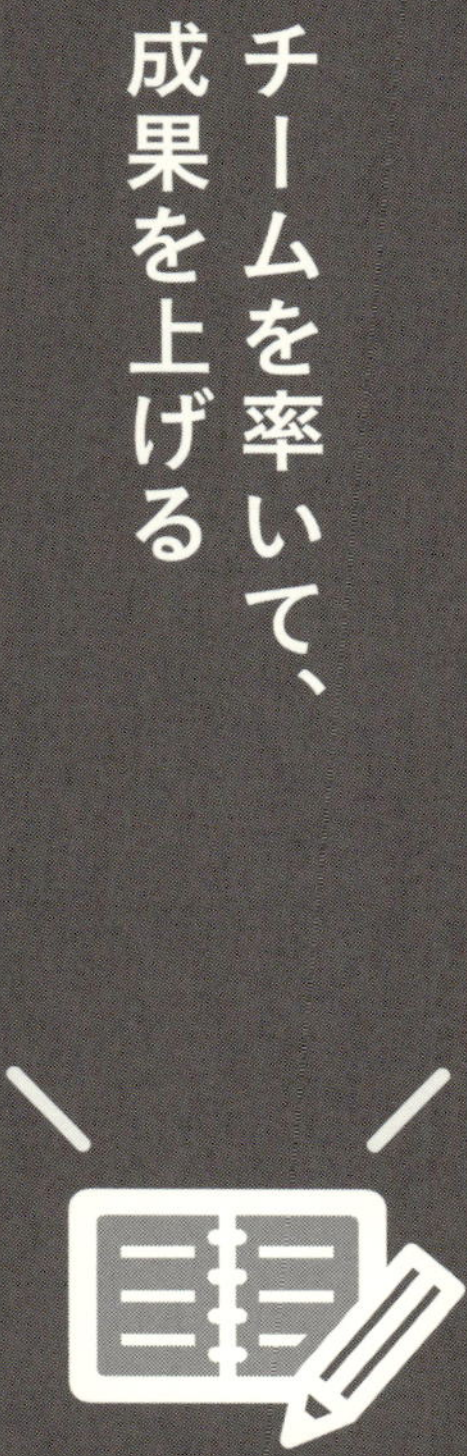

01

ぶれないミッションと柔軟な戦術を構築する

仕事上の判断は係長との丁寧な相談から

課長としての大事な役割の1つに、「判断」することがあります。
ある施策を実施するのかしないのか、現在実施している施策を継続するのかしないのかなど、目の前にあるさまざまな問題や課題、条件を総合的に検討し、一番よいと思われるものを選択していくことです。

こうした「判断」は、内容に差はあれど、新たな仕事を伴うことが大半ですが、新たな判断が求められた場合は、まず、担当する係長との相談から始めることが重要です。小さなことでも、いきなり、「部長からの指示で○○することになりました」「現在の取組みは、今後△△とします」といった指示をすることは慎みましょう。

生活保護課時代、生活保護申請の面談時に、ケースワーカーが刃物で刺されて重傷を負う事件が起こりました。そこで当時、課長だった私は、「ケースワーカーを守らなければならない」と考えて、係長と相談せずに相談室のレイアウト変更を指示しましたが、「長い時間をかけて現在のレイアウトが出来上がっている、勝手に判断しないでほしい」と係員から強く非難されました。新たな判断をする際には、**事前に係長と丁寧な打合せをし、係員が動きやすいように配慮**したいものです。

ミッション・ビジョン・戦術を定める

もう1つ、課長としての役割に、「決断」することがあります。「決断」とは、目の前にある問題に対する二者択一の選択であり、第三の選択をする余地はありません。判断に比べて、「決断」は、その結果の持つ重さが格段に異なります。

以前、待機児童対策として、長年の信頼と実績がある無認可保育所が定員を拡大して、認可保育所に移行することになりました。しかし、年度末近くになり、経営者が突然変更になりました。保育士などの体制はそのまま引き継がれるものの、名称変更の申出があり、市としても県に認可申請を継続するかしないかの選択が迫られました。市民の保育所入所者も決定しており、後は、県の認可待ちの状況でのことです。県から市の考えの提示を求められました。そこで、時間的なリミット、事案の重要性を勘案した上で、当該保育所入所決定者の全世帯を訪問して説明し、経営者と保育所名称変更の理解を得ることを前提に、認可申請を継続する「決断」をしました。無事、新年度を迎えましたが、年度末の取組みは大変なものでした。このように、二者択一の選択をする、課長としての「決断」が求められることもあります。

大げさに感じるかもしれませんが、**揺らぎのない信念や覚悟、勇気を持って決断することが、課長としての最大の役割**ともいえます。そして、そのためには、「どうあるべきか」という「ミッション」（使命・目的）を明確にすることが必要です。そして、そのミッションに基づいて、ぶれることのない「ビジョン」（目標・方向性）を示していきましょう。保育所開設の件でいえば、「ミッション」は保育所待機児童の解消になるでしょう。そしてそのための「ビジョン」は、当該保育所の円滑な開設になります。さらに、「戦術」は、具体的な取組みであり、当該保育所入所決定者全世帯に出向いて説明し理解を得ることになります。

つまり、まず「ミッション」が先にあり、それを実現する「ビジョン」があり、具体策・手段としての「戦術」があるという関係になります。これらを定め、信念を持って取り組んでいくことで、職員や住民からの信頼が高まります。課長としての自分自身の決断に自信を持っていきましょう。

戦術は状況に応じて柔軟に変更する

このようにして決定したことをどのように実施するか、その取組みの方法はいくつか考えられるでしょう。

日頃の課長指導では、実施にあたってしっかりと「戦術」を練るように指導しています。たとえば、実施時期はいつか、実施内容は一気に行うのか、五月雨式に行うのかなど、「戦術」はいくつか考えられ、それらの中から、ベストな選択をします。

状況はいつも同じではありません。先に解説したビジョンを変えることは、周りが混乱することにつながるため、避けなければなりません。しかし、「戦術」は状況に応じて柔軟に変化させて成果を上げていきましょう。

組織をまとめる 鉄則

- ✓ 課長としての信念や覚悟を持ち、課としての取組みを判断する。
- ✓ 状況に応じた柔軟な戦術変更で成果を上げる。

02

首長・部長のビジョンを把握し、部下に翻訳する

首長や部の方向性を把握する

毎年第1回定例議会では、首長が施政方針を出します。課長になったら、文書として書かれている施政方針を読み込み、内容の背景や文章の行間にある考えなどを深く理解することが大切です。

たとえば、「今後、〇〇の実施状況を踏まえ、△△施策の在り方を検討してまいります」といった表記があったとします。担当課長であれば、△△の施策の将来像をしっかりと認識した上で、この文言を本当に額面通りに理解してよいのか、よく考える必要があります。実際には、△△施策の廃止を想定しつつも、「現段階では、その手の内を明かすことは得策ではない」という首長や部長の判断があるかもしれません。

また、担当している施策だけでなく、自分の自治体全体の施策についても、広く、深い理解に努めましょう。そのためには、部長との報告・連絡・相談を密に行うこと

が欠かせません。また、**さまざまな機会を捉え、部長と共に首長と直接話す場面をつくる**ことも心がけましょう。

翻訳して課員全員に伝える

把握した内容は、部下に対してわかりやすく伝えることが求められます。組織人として、ときには自分の意に沿わないことでも、首長や部長からの命に従い、実施しなければならないこともあるでしょう。それは、課長からの指示を係員に実施させる役割を担う係長も同じです。そのため、係長と良好な関係を築くためにも、首長や部長の方向性を丁寧に伝えていくことが大切です。

以前、保育課長時代、次年度の重点的な施策の検討で、国では未実施だった、第3子以降の保育所保育料を無料にすることを指示されたことがあります。第1子が何歳までの場合なのか、すべての子どもが同時に保育所入所の場合に限るのかなど、制度設計上の検討事項は多数ありました。

制度実施による効果は未知数であり、懐疑的な考えを持つ職員がいることも想定されます。ここで、ただ単に「第3子以降の保育料を無料化することになった」と、部長の方針をそのまま伝えるだけでは、部下の反発、モチベーションの低下は必至です。ましてや、「自分はあまりよい施策とは思わないけど、部長の指示だから……」などと説明すれば、「それなら、部長を説得してやめてもらってください」と反論されるでしょう。

そこで求められるのが、課長の翻訳力です。なぜ無料化が必要なのか、**上司の真意を汲み取り、部下が理解しやすい、動きやすい言葉に置き換えて説明**します。

たとえば、「市長は子育て支援を充実していくという大きな方針を掲げています。第3子以降の保育料の無料化も、その一環として進めていきましょう。国に先駆けて実施することが、市民に対して、大きなメッセージになると思います」など、自治体としての方向性などから、説明していくことも伝え方の1つとして考えられるでしょう。

また、係長が動きやすいように係員にも情報を伝えていきますが、職責に応じて、情報をオブラートに包むことも必要です。課長としてこうした情報操作のさじ加減も学んでいきましょう。

組織の一体感を高める

係員同士の話の中で、「え、それ知らなかった」と思った職員は、なんとなく疎外感を抱くもの。一方、他の課の職員同士との話の中で、「そうなんだ、よく知ってるねぇ」と言われれば、なんとなくうれしいもの。そこで、「うちの課長、いろんなこと教えてくれるからね」と言われるように、情報の共有も意識的に行いましょう。

職員は、自分の担当する仕事を進める上での詳細な情報は持っていますが、首長や部長、さらには、議会の情報などは把握できないものです。こうした情報を伝えていくことで、職員の仕事に対するモチベーションが高まりますし、何よりも、課長に対する信頼感が高まることは間違いありません。

組織をまとめる鉄則

- ☑ 首長や部長のビジョンを直接把握し、自らの仕事との関係性を整理する。
- ☑ 首長・部長の情報は、部下の職責に応じてわかりやすく伝える。

03

議会を想定した工程を明示する

逆算して取り組む内容を決定する

STEP1「05 次の異動までに「何を行うか」を決める」で解説した長期工程表によって、いつ、何をするのかが明確になったところで、**節目である年間4回の議会や予算要求までに何をするかについて、逆算して想定**していきましょう。

こうした想定をすることによって、1つの係で、業務が集中する時期なども把握することができます。係長は係をまとめ、分担された仕事を遂行していくので、課長の立場から、係間の連携を図るよう、自ら調整することも積極的に行います。係長同士で調整するよりも、やはり、課長が調整者としての役割を担い、組織をまとめていきたいものです。それには、課員全員が、年度内に取り組むことについて共通認識を持てるような、可視化した資料の存在がとても有効です。

時間的余裕のない仕事に対応できる体制づくり

さて、あまり頻繁に起こるようでは、仕事の進め方や計画自体を見直す必要がありますが、ときに課長は、「今日の○時までに、この資料を間に合わせてください」という緊急の指示を出すことがあります。

たとえば、議会の委員会前には、会議を円滑に運営するために、通常、正副委員長との打合せがあります。この打合せでは、課長は「提出した資料で議会報告は十分だろう」という認識で資料提出をします。しかし、委員長から変更の指示が出される場合もあります。通常、議会資料配付までには時間的余裕があるものですが、「とりあえず、本日中に方向だけでも確認させてください」などと指摘されることもあります。

議会対応以外にも、忙しい首長や部長との打合せの日程設定との関係で、資料作成の締切までに時間的余裕のない仕事はどうしても出てくるものです。課長としては、こうした時間的な余裕のない仕事にも、柔軟に対応できる組織づくりを日頃からめざしましょう。

そのためには、日頃から、職員とのコミュニケーションを円滑にすることが重要です。係長会などのある程度の時間を確保した会議だけではなく、係長や係員との立ち話でも情報共有を図りましょう。

もし、何らかの状況変化が予見される場合には、たとえ未確定でもあらかじめ、「今回の議会では○○の報告をするけど、場合によっては委員長から何か言われるかも……」などと伝えておきます。こうしたことが、職員との信頼関係を強固なものにすることにつながり、時間的な余裕のない仕事にも柔軟な対応ができる組織づくりにつながるのです。

なお、緊急の場合は、牽引型のリーダーシップを発揮して、課長自らも行動して、係員と共に乗り越えていきましょう。無事終了したら、まず、係員をねぎらうことが大切です。

組織をまとめる
鉄則

☑ 予算要求、議会などの節目から、逆算して取組み内容を決める。
☑ 緊急対応には、課長自らが先頭に立って取組みを進める。

04

「何をするか」だけでなく「何をしないか」を示す

仕事は増えていくものと心得る

私たちの仕事は、国や都道府県の制度の変更などの要因も含め、拡大していくものです。また、一度実施した施策は、対象となる人がいることから、課長の一存ですぐに中止・廃止を決定することは難しいものです。このように、自治体の仕事は自然に増えていくものですが、対応する職員の増員などが簡単に行われないのは、どこの自治体でも共通しているといえるでしょう。

しかし、自分が管理する課の仕事やその進め方は、課長が中心になって改善していくことが可能です。課長の異動年限は、多くの自治体で3年から4年といったところでしょうか。職員時代よりも異動年限が短いため、意外と課内の役割分担や事務執行の見直しが手付かずで、「ムリ・ムラ・ムダ」が多いものです。

施策の見直しがなかなかできない状況の中では、課の仕事を効率的に進める必要があるのです。そのために、「ムリ・ムラ・ムダ」をなくす視点に立って、課の仕事の見直しを行っていきましょう。事務改善にしっかりと向き合う課長は、職員からの評価が高くなります。

「あったほうがよい」ものは、「なくてよい」もの

以前、予算・決算委員会ごとに、該当箇所に、各課や部の過去3年程度の実績を書き込んだ、課長・部長用の手持ち資料が配布されていました。

資料は係長の指示で、係員が作成していたものです。しかし、議会答弁を想定した事前の勉強は、管理職自らが行うものであり、自分で行わなければ、委員会で適切な答弁をすることはできません。部長の手持ち資料に至っては、委員会中一度も開くことがなく、部長の安心材料としか思えませんでした。

そこで、私が部長になってから、今後手持ち資料は作成しなくてよい旨を指示をしてみると、意外にも、係員から「松井部長が異動したらまた作るようになるかもしれませんから、継続しておきましょうか」と言われました。そこで、「この部では、管理職の仕事は管理職が自ら行うことを基本としているので、今後も作成しなくてよ

い」と明確に位置づけました。それ以降、資料は作成していませんが、一度も困ったことはありません。

このように、なんとなく慣例で実施している事務や、なくても困らないものの、とりあえずあったほうがよいと考えて行っている仕事は、課内を見回すと結構あるものです。**「職員にムダな仕事はさせない」という視点**を大事にしてください。

限られた人員で仕事を行う現状では、どの職場も余裕はありません。事務の効率化は、管理職自らが率先して行うようにしていきましょう。

「やめる判断」に自信を持とう

職務の効率化は、ワーク・ライフ・バランスの観点からも、管理職としてぜひ取り組んでいきましょう。しかし、あることを「やめる」際は、その判断に覚悟がいることも事実です。新任課長としては、「自分が異動したときに、後任から批判されるのではないか」などという思いがよぎることもあるでしょう。

以前、昇任した課長が長年配置されてきた職場に異動したことがありました。キャビネットを開けると、過去の予算書、決算書などがぎっしりと並んでいるのに驚きました。こうした資料は、3年分もあれば十分ですが、歴代の新任課長は、廃棄の目安が立てられず、溜まりに溜まったようです。

このように、新任課長時代は、はじめてのことだらけで悩むことも多いでしょう。しかし、改善することが確実に**職員の負担軽減や職務執行の効率化につながるのであれば、「やめる」判断も自信を持って取り組む**べきです。

なお、その判断の根拠や基本的な考え方は、係長との話し合いなどを通して把握すること。最終的な判断は、課長が行い、責任を担いますが、事前に係長と十分話し合うことで、職員も課長の判断を正当に評価してくれるものです。

組織をまとめる
鉄則

- ✓ **課の仕事の改善は、課長の腕の見せ所。**
- ✓ **余計な仕事はしない、させない、つくらない。**

05

係長を信頼し、相棒にする

係長の仕事を再認識する

係長にとって、課長の補佐が重要な役割の1つであることは、係長経験者であれば、重々承知しているはずです。

しかし、実際に課長になってみると、相当年上の係長と一緒になることも多いもの。係長の役割の1つに「課長の補佐」があるとはわかっていても、係長とは立場の異なる管理監督者として、どのように接していくべきか、悩むことも少なくありません。しかし、年齢の違いは、さほど意識する必要はありません。係長時代に年上の係員に接したのと同様に、共に仕事を進めてもらうという意識で接することを基本とすればよいでしょう。

信頼・期待・依頼を基本として接する

係長は、職責を果たせる能力があって任命されている、プロフェッショナルです。そこで、係長に対しては敬意を払い、**「信頼」を寄せることを基本として、「依頼」していることや「期待」していることを全面に出して接していきましょう。**

また、仕事を依頼するときには、取り組むことになった経緯やその目的などの背景を丁寧に説明するとともに、期限なども明確に指示しましょう。「仕事上のスキルを持っている人なので、細かな指示はかえって失礼になるのではないか」と考えるのは、大きな間違いです。

情報共有の度合いを高める

「どうしても係長との関係がいまひとつで、ギクシャクした感じが拭えない」

こうした課長の悩みには、「しっかり情報を伝えること」をアドバイスしています。管理職になると、「課長止まり」とした情報が伝わってきます。「課長止まり」とは、ほぼ確定情報ではあるものの、職員団体との最終的な調整が残っているなどの情報がほとんどです。そこで、この課長には、こうした情報を「課長止まりの情報だけど、係長だけには耳に入れとくね」と前置きをして伝えるようアドバイスしたところ、その後、係長との関係が見違えるように改善したそうです。

係長は課長にとって、仕事上の相棒。**「課長止まり」といった情報も伝えることで、自分が係長を信頼していることを示していきましょう。**

また、些細な情報も丁寧に共有することは、仕事を円滑に進めることにもつながります。たとえば、異動については、本人内示前に、管理職止まりの扱いで、課長内示があるものです。こうした情報こそ、係長にだけは伝えていきましょう。なお、当然ですが、信頼を寄せることが難しい係長も残念ながら散見されます。こうした場合には、冷静な情報管理をすることは言うまでもありません。

組織をまとめる 鉄則

- ☑ 「依頼」していることや「期待」していることを全面に出して接する。
- ☑ 仕事上の相棒として「課長止まり」の情報も共有する。

06

仕事の進捗状況を把握する「しくみ」をつくる

課長自ら係長席に出向いて話をする

課長になると、係長や職員を呼んで自席での打合せができるように、自席前に椅子などが配置されるのが一般的です。

しかし、私は、自ら係長や職員を課長席に呼んで打合せをすることは避けてきました。課内であれば、どこに移動するのも歩いて数歩です。話があるときは、自分から係長席や職員席に出向いて話をしてきました。部長となった今も、課長席に行って話をするように心がけています。

なぜなら、**自ら歩み寄ることによって、係長や職員、課長との距離が縮まる**からです。つまり、課長が足を運び話しかけることで、反対に係長や職員が、積極的に課長席に報告・相談しにきてくれるようになることを実感したのです。課長に相談しやすい雰囲気をつくることは、ひいては、課全体のコミュニケーションの活発化、円滑化につながります。

定例的な係長会の実施

生活保護課長に着任して間もなく、課の中の4人の係長同士の仲が悪いことに気がつきました。これはまずいと思い、庶務担当係長に毎日係長会を実施することを提案しましたが、「忙しいのにそんな時間とれません！」と言われる始末。

そこで、4つの係の1日の予定の確認として、毎日始業時から5分間だけの打合せ会を実施することに。すると、毎日一定時間同じテーブルで顔を合わせるので、係ごとの本音が少しずつ出てきました。険悪なムードの最大の要因は、研修や防災訓練の出席を係の予定を無視して庶務担当係長が機械的に割り振るなど、お互いの係の現状を理解していなかったことでした。当初予定していた5分の打合せがだんだん長くなりましたが、相互理解も進んだため、朝の打合せは最大15分で終了し、課題として時間をかけるものは別途調整することをルール化しました。すると、係長同士の関係も良好になり、新しい改善提案なども出されるなど、課内の雰囲気もよくなってきたのです。

また、比較的小さな課の場合は、庶務担当係長が立ったまま、それぞれの係ごとの朝の予定を確認する、スタンディング・ミーティングなども実施してきました。

いずれの場合も、定期的・継続的に実施することが効果的です。そして、**毎日、短時間を基本として実施するのがコツ**です。皆さんも、ぜひ取り組んでみてください。

方向性のすり合わせと早めの確認

「部長、昨年度の委託の課題を整理して、委託の仕様書を2通り作ってきましたので、ご意見をいただければと思います」

課長が係員と一緒に相談にきました。指示される前にしっかりと課題を整理し、複数の改善案を提示する課長は、評価したいところです。しかし、部長から、「改善策はいまひとつだね。議会でも指摘されていることだし、もう少しゼロベースで考えてみよう」と言われたら、どうでしょうか。

係員としては、課長に指示され、複数の案を作成し、ペーパーまで作ったのに、すべてがムダになります。「しっかりと指示をしてほしい」というのが本音でしょう。

そこで、課長には次のように対応することを基本方針として示しています。まず、昨年度の課題を整理したペーパーを作ること（簡易なものなら、昨年度作った現物に課題部分をマーカーするだけ）。それを元に、対応の課題となっている部分のどこを修正するのか、逆に修正しない部分はどこになるのか、さらには、議会や住民との関係から、いつまでに何を取り組むのかなどといった方向性を部長と共通確認すること。その後、具体的な作業に入ること。さらには、進捗2割の段階で当初の方向性を含めて、報告・相談にくること、というものです。

課長が係員に仕事を指示するときも、同じように取り組むことで、係員の作業がムダになりません。課題が複雑だったり、業務量が膨大だったりしても、極力ムダを排除することが大切です。**ムダな仕事ほど、職員のやる気をそぐものはない。**そう心得ておきましょう。

組織をまとめる鉄則

- ☑ **定期的、継続的な係長会を開催し、課内の状況を把握する。**
- ☑ **はじめに方向性を定めてから作業に入り、進捗2割で確認する。**

07

小さな違和感を見逃さず、改善を積み重ねる

異動当初の小さな違和感を大切に

「なんでこんな簡単な報告に時間がかかっているのだろう?」

そう思って係員の作業をよく見ると、同じような資料について、異なった角度から、複数の職員が作成していたことがあります。また、印刷物の最終確認を1人の職員が黙々と実施していて、効率が悪そうなので、2人で声に出して確認するように指示したこともあります。このように、異動当初は、課の運営について、「なんとなく変だなぁ」と、小さな違和感を持つものです。しかし、日常の忙しさに流されて、いつの間にか、当初感じた違和感がだんだんと当たり前になっていってしまうことがよくあります。

とはいえ、課長にとって、自分の配属された部署の事務改善は大事な仕事の1つです。係員は、なんとなく変だなと思いながらも、なかなか改善の提案はしにくいもの

です。そこで、課長自身が、どこに小さな違和感を覚えたのかを立ち止まって考えることが重要です。窓口での苦情、係員から出された疑問、そして、課長として感じた仕事の進め方など、小さな事柄も、係長との話し合いなどを踏まえ、改善していきましょう。

小さな一歩から踏み出す

いくら課題があるからといって、いきなり、課長から大ナタを振るうのは得策ではありません。

保育課長時代、職員から、「窓口での相談時に、隣の人の話が気になるようで、相談者の声が小さくなってやりにくい」という話がありました。しかし、個別相談室の設置スペースもなく、さらには、入所申請時の窓口混雑を緩和するため、できるだけ効率的な面談を実施したいのも実情です。

そこで、カウンターの上に、隣同士を仕切る衝立を設置することにしました。隣の相談は聞こえますが、職員や住民からの評価は好評でした。こうした小さな改善を重ねていくと、だんだん、職員の意識も変わるもので、「○○したらどうでしょう」といった改善提案が多く出されるようになりました。

このように、職員の意見を取り入れ、課内での検討を行い、小さな改善を積み重ねることで、結果的に大きな改善につながります。そして何より、課長が職員の提案に前向きに対応することは、職員から見れば、「私の課題意識や改善提案を前向きに、しっかりと課の課題として検討してくれる」という認識になります。

こうした認識は、問題意識を持つ職員だけでなく、そのほかの職員に対しても、「いろいろ意見を言ってください。しっかり検討します」というメッセージになります。時間はかかるかもしれませんが、「私も感じていることを言ってみようかな」といった、職員1人ひとりの意識の変化を引き起こすものです。**課長がしっかりと職員に向き合う姿勢は、職員意識を改革志向へと変化させる**ことにつながっていくのです。

首長、部長のビジョンを踏まえる

こうした改善の取組みの中に、首長や部長のビジョンを反映させていくことも、課長としての大きな役割です。先の保育所入所相談窓口の改善では、市長の施政方針に「保護者1人ひとりに寄り添った丁寧な窓口相談の実施」が盛り込まれていました。

そこで、子育て施策全般の相談を1つの窓口で受け付ける体制を整えるとともに、住民にわかりやすいよう職員の名札に「保育コンシェルジュ」と記載し、丁寧な相談を実施するようにしました。改善には、こうした首長、部長のビジョンといった、少し大きな視点を加味して考える習慣をつけていきたいものです。このことが、所属する自治体の独自性を発揮することにもつながっていきます。

このように、現場（窓口での住民や職員など）の声を聴き、しっかりと改善策を立て、それを現場に還元するというサイクルを回していくことを、**現場主義の実践**と呼んでいます。改革志向の課長でいることが、職員からも大きな評価を得るものです。課長として、小さな改善を大事にしていってください。

組織をまとめる 鉄則

- ✓ **改善のために、小さな違和感を大切にする。**
- ✓ **改善を重ねていくサイクルを回し、改革志向の職員集団を育成する。**

08

配置された職員全員の力を最大に引き上げる

1人ひとりに合ったリーダーシップを使いこなす

「職員」といっても、1人ひとりの経験値や能力は異なります。自治体の課長は、この現実を踏まえた上で、それぞれの職員の持つ力を発揮させ、チームで成果を上げる必要があります。

それぞれ個性が異なる職員を牽引するにあたっては、「職員に関心を持つ人情型リーダーシップ」「仕事の成果を中心に捉える権力型リーダーシップ」など、1つのスタイルにこだわると、上手くいきません。

そこで、誰に対しても同一のリーダーシップで対応するのではなく、職員の仕事に対するスキルやコミュニケーション能力などといった、**仕事に対する成熟度によって、柔軟に対応を変えていくことが大切**です。これは、ＳＬ理論（状況呼応理論）と呼ばれ、広く知られています。

具体的には、新規採用職員などには、手取り足取り指導するといった「教示型のリーダーシップ」が有効です。業務遂行能力が高く、仕事に対しても自信を持ったベテラン職員には、適時報告・相談をすることを前提とした「委任型リーダーシップ」が有効です。これらの中間は、仕事の指示を丁寧に行う「説得型リーダーシップ」や意思決定場面でのフォローを中心とする「参加型リーダーシップ」が有効となります。

自分の職場の職員は、どのタイプに当てはまるか、考えてみてください。また、4つの形にきれいに当てはまるものではなく、当然、それらの中間もあるでしょう。

課長としては、職員1人ひとりに関心を寄せて、適切なリーダーシップを発揮して、職員のやる気を高めていきましょう。なお、緊急、即応的な対応が必要なときは、牽引型のリーダーシップを発揮して、危機的状況を乗り越えていかなければならないのは、言うまでもありません。

「あいつは使えない」と思った瞬間、課長は失格

組織人員の配置では、業務量に応じた人員を配置しているはずです。たとえ、「この人数配置で自分の課の業務をこなすのは至難の業だ」と思っても、配置された人員

の中で職務を遂行していかなければなりません。そのため、配置された1人ひとりの能力を最大限に引き出すことが求められます。

人事管理における課長の基本的なスタンスとしては、**性善説に立った人事管理を貫くことです。**逆に、性悪説の立場で接するようになると、無意識のうちに課長の対応が「監視者」的なものになっていってしまいます。こうなってしまうと、職員も萎縮しがちで、本来の能力を発揮できなくなります。ですから、諦めないことが大切です。すぐに「彼（女）はダメだな」などと思ってしまったら、その時点で課長の職務を放棄していると言わざるを得ません。

確かに、他の職員と同じ指示を出しても、仕事を上手くこなせない職員はいるものです。こうした場合は、指示の出し方を工夫してみましょう。もしかしたら、表面的にはわからなくとも、何らかの障害を持ちながら仕事をしているかもしれません。たとえば、指示を出すときに、スケジュールを可視化して説明するのも1つの手です。また、説明したペーパーを職員の机の見えるところに置いておく方法もあるでしょう。さらに、他の職員では当たり前と考えることも、より細かく丁寧に指示することも考えられます。場合によっては、他の職員であれば、辟易するかもしれないと危惧する程度の進行管理を徹底するなど、相手に応じて指示を工夫してみましょう。

しかし、こうした努力を重ねたにもかかわらず、残念なことに、担当する仕事に向いていない、どうしても成果が出せないといった場合、人事異動を視野に入れ、「見切る」こともときには必要です。そのときも、職員の立場に立った対応を心がけます。こうした対応は、他の職員もよく見ているものです。

人事管理に王道はありません。**日々の地道な取組みが職員からの信頼を得る最大の近道**なのです。

人が人を管理することは、精神的に疲れるものですが、自分自身の心のケアも大事にしながら、管理職として、人事管理をしっかり行うこと。試行錯誤はつきものです。慌てず焦らず、少しずつ、職員がついていきたいと思える課長になっていきましょう。

組織をまとめる 鉄則

- ✓ 職員の成熟度に合わせて、課長のリーダーシップを変化させる。
- ✓ 性善説に立った対応を貫き、どうしても難しいときは見切ることも必要。

［よくある質問②］

本当につらいときの突破口の探り方

Question

困難な仕事でつらいときは、どう対応したらよいですか？

Advice

優秀な課長であればあるほど、特命事項や、困難事案を抱えた職場に配置されることになると思います。

念頭においてほしいのは「課長は1人で仕事をしているのではない」ということです。あなたには必ず、部下として優秀な職員が配置されています。部下のいない特命課長でも、周りの職員を巻き込むことが大事です。困難な仕事であるほど、チームの力を結集できるかが、成否の鍵を握っています。

周囲を巻き込むには、職員を信頼することが大切です。「実るほど頭を垂れる稲穂かな」という格言がありますが、課長だからといって、「稲穂」でなく「麦穂」になって胸を張っていては、職員は課長についてきてくれません。

保育所開設に向けて、年度末の限られた時間内に約90世帯の家庭訪問をしたときは、実現できるかどうか本当に不安でした。たぶん、険しい表情をしていたと思います。部長から「困難なときほど、リーダーは笑顔でいろ」と叱咤されました。

「自らのビジョンに自信を持ち、チームとしての職員を信頼し、前向きに取り組むこと」が本当につらいときの「突破口」の探り方です。信念を持って取り組めば、アイデアと推進力は不思議と生まれてきます。そして、困難な仕事であるほど、成果を上げたときの喜びも大きいもの。これを味わえるのも、課長の仕事の醍醐味といえるでしょう。

STEP 3

部下を指導し、成長させる

01

職員1人ひとりに常に関心を持つ

係長の部下指導との違いを理解する

課長になり、プレイヤーからマネジャーに転換する際に最も大切なのが、任せること。しかし、部下指導を係長に任せっきりにすることはできません。

課長がすべての職員を指導することは不可能ですから、細かな指導は職員と接する時間が長い係長が中心に行います。しかし、係をまとめ、組織全体を活性化するためには、課長の部下指導の役割は大きいものです。職員1人ひとりに、「課長は自分の仕事ぶりをしっかり見ていてくれる」と意識させることが、仕事に対するモチベーションアップにつながります。

また、仕事の相棒である係長に対しても、部下指導や他部署との連携など、**係長への仕事の依頼を通じて、指導する視点を持つ**ことが大切です。さらに、課長の仕事の1つに、人事評価があります。係長を含めた職員1人ひとりを評価するには、日頃から職員の仕事ぶりをしっかりと把握しておくことが欠かせません。職員のプロフィールをはじめとして、仕事の仕方、日常の行動などに関心を持つよう心がけましょう。

小さな変化を見逃さない

「1人ひとりの職員を把握しよう」と言われても、なかなか難しいと感じるかもしれません。10人に満たない課の課長になることもあれば、50人以上の職員を抱える課に配属になることもあります。

そこで、係長を通して仕事の進行管理をする中で、係員の状況把握に努めましょう。たとえば、係長から決裁書類などが上がってきたら、その内容にばかり気を留めるのではなく、誰が担当し、起案したのかにも意識を持つことで、職員の仕事ぶりを把握できます。

また、職場内を移動するときは、職員への声かけに雑談の要素を取り入れましょう。たとえば、「昨日、ずいぶん遅くまで残業していたね。繁忙期だから大変だけどあまり無理しないでね」といったことで構いません。職員にとっては、課長から何気ないことでも声をかけられ、その中に自分へのねぎらいや評価の要素が入っていると、課長が自分をしっかりと見ていてくれることがわかり、大きな励みにつながるものです。また、**1回の雑談は15秒程度でOK。**これなら、課長にとっても、職員にとっても、仕事の妨げになることはありません。このとき、話しかけやすい人ばかりに偏らず、「全員」に「均等」になるように配慮することは言うまでもありません。

また、職員の出勤状況の把握も大事です。朝遅れがちであったり、年休や時間休を頻繁に取得しているようなときは、何らかの変化があるときです。係長と連携するなどして、早期に理由を把握し、課題があれば的確な対応を取っていきましょう。

職員面談を有効に活用する

人事評価では、課長は職員と個別に面談をすることになります。職員面談は、職員に関するいろいろな情報を得る最大の機会です。おざなりな姿勢での面談は、絶対に避けなければなりません。

「うちの課長には、本当に困ったものです。あの面談の発言で、職員からの信頼を完全になくしましたからね」

税務課の係長が、こんなふうに嘆いていたことがあります。話を聞くと、大人数を抱える税務課の課長が、人事評価のための職員面談で他の女性職員と勘違いをして、「年度末に出産ですね。おめでとうございます。体調に気をつけて頑張ってくださいね」と、ねぎらいの言葉をかけていたそうです。出産を控えていたのはまったく別の職員で、言われた本人は唖然としてしまい、返す言葉もなく面談が終了。嘘のような話ですが、本当にあったエピソードです。

おざなりな姿勢は、面談者である職員が敏感に感じとるものです。多くの人数を抱える課長であっても、1人ひとりの職員を大事にする意識をしっかり持っていくことが職場をまとめるリーダーとしての役割です。

考える職員の育て方

- ☑ 職員の小さな変化を感じとり、見逃さない。
- ☑ 職員との個人面談には、真摯な態度で臨んでいく。

02

人を動かす魔法の言葉を身につける

信頼と評価で職員を育てる

職員は課長から信頼され、評価されることで自信を持ち、積極的に仕事に取り組むようになっていきます。

新規採用職員として教育委員会に配属されたY君は、淡々と仕事をこなすものの、指示待ちが多く、積極性に欠けていました。そこで、彼の上司である係長が異動したことを機に、「設計者や学校との調整が多く、自分から動かないと仕事が上手く回らないと思うけど、これまで担当してきたことだし、任せるからね」と、学校改築の設計事業を思い切って任せました。

調整に苦労しているようで、進捗が遅れがちでしたが、定例報告では、「すごいね、よくここまで調整してきたね」と評価したところ、基本設計が終了する頃には、自信を持って調整する姿が見られるようになってきました。

ここで大切なのは、課長の「言葉」で信頼、評価を伝えることです。ぜひ、3つの「S」を含む人を動かす魔法の言葉、「SWIM」を覚えてください。3つのSは**「すごいね」「さすがだね」「すばらしい」**です。SWIMは、この3Sと**「わかっているね」**のW、**「いいね」**のI、**「まかせたよ」**のMです。

課長研修などでは、こうした人を動かす魔法の言葉を自然と使えるように努力するよう話しています。職員が見え透いたお世辞を言われていると感じないよう、こうした言葉を使って、職員を信頼し評価する姿勢を持ち続けていきましょう。

職員の成長をほめる

また、ほめるときは、あくまで仕事の進め方が上手になったり、苦手なことを克服したりした場合に、その成果をほめます。日頃から職員の様子を観察し、できなかったことができるようになったとか、作成した資料が以前よりわかりやすくなったとか、成長を評価します。その結果、その職員が「自分が評価された」と認識することにつながります。

たとえば、異動当初、窓口対応が上手くできず、先輩職員の応援が必要だったのに、数か月後、1人で窓口対応ができるようになった場合に、「最近、窓口対応よくできているね」と評価するなどです。

このように、特定の職員に対して、「あなたを評価している」ことを明確に伝えるだけでなく、たとえ、誰が作成した書類かわかっていても、「この書類とてもよく出来ているけれど、誰が作ったの？」などと、**あえて職員全員の前で「仕事の成果」をほめる**こともとても効果的です。作成した職員は、自分の「仕事を評価してくれた」と仕事に誇りを持つことにつながります。また、他の職員に対しても、「課長は、仕事に対して正当な評価をしてくれる」というメッセージにつながります。こうした手法も覚えておきましょう。

ときには厳しい指導を

「今どきの課長は、職員をきつく叱ることはないのかね？」

課長時代に部長から投げかけられた言葉です。パワハラ、セクハラなど、職員に対して上司がとってはならない行動が指摘されるようになりました。こうした中で、課長としても職員に対して、どこまで指導したらよいかと悩むようになり、結果として、強い職員指導を避ける傾向が出てきています。

たとえば、理由もなく、たびたび遅刻する職員にその都度、指導をしていたにもかかわらず、係全体で取り組む大事な仕事の日に、理由もなく遅刻した当該職員を係員全員の前で、厳しく指導したとしたら、どうでしょうか?

衆人環視の中での強い指導であり、パワハラかどうか悩むところです。しかし、正解はパワハラには該当しません。繰り返し指導してきていること、当日がどのような日か、本人が理解していることがその理由です。課長がこのような指導をしなければ、「なぜ課長は何も言わないのだ」と、他の職員の不満が高まってしまい、職場全体の士気も低下してしまうでしょう。

「叱ること」は、あくまで仕事の進め方を指導するとともに、それによって、職員の奮起を期待するために行うものです。感情的になったり、自分が気に入らないことを理由に、職員を責めることはあってはなりません。そのためには、叱ることと同時に、具体的な改善点を示します。また、叱ることで、組織全体のチームワークを高めることも意識してください。職務分担に従って職員は仕事をしていますが、係長がその仕事をとりまとめているものです。職員のミスを契機に、係長に対し、係内の応援体制の構築を指示するなど、課長になったら、叱ることになった要因の改善も実施していきましょう。

自らの行為がハラスメントに該当しないよう、意識を高めることは必要ですが、**ダメなものはダメと毅然とした態度を見せる**ことが大切です。これは、住民に対しても同様です。以前、保育課長のときに、保育所に入所できなかった市民の祖父母が怒鳴り込んできたことがありました。職員が対応しても、「課長を出せ！」の一点張り。課長の私が対応しましたが、いわれのない職員非難が続き、私も市民に対して、強い口調で職員をかばったことがありました。10年以上過ぎて、同じ職場に異動してきた彼は、そのときの対応に感謝していることを話してくれました。

職員に対しても、住民に対しても、自らの考えをはっきりと言葉にして伝えてください。

考える職員の育て方

- ☑ **人を動かす魔法の言葉を使いこなし、信頼と評価で職員を育成する。**
- ☑ **ほめるときも叱るときも、はっきりと言葉にして伝えよう。**

03 わからないことは部下に聞く

職務に一番詳しい職員から話を聞く

課の事務に最も精通しているのは、担当している職員です。課長として、仕事を進める中で生じた疑問点などは、積極的に担当職員に教えてもらうようにしましょう。

これには、2つの側面があります。**1つは、課長としての職務理解、そしてもう1つは、職員の人材育成**です。

担当職員は、細かな資料などで事務を理解しているものの、系統立てて誰かに説明する機会は少ないため、課長に説明することで、職員自身の勉強になります。説明してもらうために、必要な資料を作成させることも、人材育成のよい機会となります。自分の仕事を課長がしっかりと理解していてくれることは、職員の仕事に対する意欲を高めることにもつながり、まさに、一石二鳥です。職員からの説明は、謙虚な態度で真摯に受け、わからないところはしっかりと質問しましょう。普段あまり質問されたことのないことを、課長から質問されれば、「さすが、課長だな」という印象を持ってもらえることは確実です。

また、説明の後には、前項で紹介した「人を動かす魔法の言葉」を使って職員をねぎらうことも忘れずに。このように、課長としての人材育成の場面は、意外に、日常の仕事の中に存在するものです。

細かな部分も理解する努力を

課長として、当面の職務理解は、窓口業務を1人で担当できること（窓口のない職場では、職員の仕事ができること）を目安にすることはお伝えしました。そのレベルに達した後は、細かな部分の職務理解に努めていきましょう。

たとえば、「住民基本台帳事務では、外国人も日本人と同じ住民票を発行するようになったが、特別永住者証明書は市町村（特別区）、在留カードは入国管理局での発行となる」「義務教育在学中の子どもに対して生活保護で支給している、教育扶助の中の学習支援費には、課外のクラブ活動に要する費用も含まれている」など、細かなところまで職務理解を深めます。こうした、**専門性を高めようとする課長の姿勢は、**

職員からの信頼を得ることにもつながります。また、職務を進める中で、課長として決断・判断する際に、こうした細部にわたった職務理解が確実に役立ちます。

さらに、議会で質問されたときに、こうした一般に知られていない現状を答弁の中に盛りこむことで、議員から「この課長は正確な職務理解をしている」という認識を持ってもらえます。さらに、力強い答弁に聞こえることから、あまり細かな質問をされにくくなるものです。

考える職員の育て方

- ✓ 人材育成の視点を含め、仕事上わからないことは部下に教えてもらう。
- ✓ 常に職務について貪欲に学ぶ姿勢を持ち続けよう。

04

「現場」「現状」「現実」を意識する

現場から現状をしっかり把握する

自分が配属になった部署の「現場」はどこでしょうか？

「うちには出先機関がないから（あるいは、企画財政部門なので）、現場はありません」という方もいるかもしれません。しかし、官房系であれば、担当する部署がまさに現場です。

「事件は会議室で起きているんじゃない。現場で起きてるんだ！」とは、映画『踊る大捜査線 ＴＨＥ ＭＯＶＩＥ』で有名になった、青島刑事の台詞ですが、まさに課長は、自席や会議室だけでなく、**現場に出向き、または、現場との関わりの中で、課題を見出していく努力を惜しまない**ことが大切です。

保育課長時代、家庭的保育事業を実施している人にお願いして、１日、保育を体験させてもらったり、保育所での現場体験を実施したりしたことがあります。当時、家庭的保育事業では、1人の保育者が3人までの3歳未満児を自宅で保育していました。しかし、保育者が急病の場合などの対応が未整備であったことから、公立保育所を連携園として指定するなど、緊急時の対応を整備しました。その後、国でも同じような制度ができ、国庫補助の対象となる事業にも認定されるようになりました。また、保育所体験では、朝と夕方の延長保育の実態、アレルギー給食の取組みの状況などが把握でき、議会答弁に生かすことができました。

事業改善は、現場に出向き、現状や現実を把握することから始まります。常に、現場を見つめ、課題を発見する努力を積み重ねましょう。

現実的で迅速な対応を心がける

現場で見つかった課題には、迅速な対応をしていきましょう。

複数の対応策が考えられたとしても、あまり理想的な対応を追求しすぎると、時機を逸してしまい、結果として何もしなかったのと同じ状況となってしまいます。また、迅速性を優先するといっても、事業は年度ごとに行われているため、来年度予算での対応が基本となります。くれぐれも、慎重な検討を重ねて時間が過ぎてしまい、他部署との調整もままならずに、課題への対応が先延ばしになってしまうことだけは、絶対に避けてください。

このとき、ぜひ、課長として、「改善や改革を楽しむ」という感覚を持って取り組んでください。保育課長時代には、「自分の希望する保育所に入れなかったので、保育料は払わない」といった悪質な保育料未払いケースの預金差し押さえを行ったことがあります。保育料の預金差押えはあまり実施しないものです。そこで、通常体験できることではないので、私も徴収吏員として、担当者と一緒に銀行に差し押さえに行きました。**新しい取組みを課長が楽しむ姿勢は、職員への最大のメッセージ**になります。職員は必ずついてきてくれるものです。課長が楽しむ姿勢が、職員に新たな仕事に対する意欲をもたせ、職員育成につながっていきます。

考える職員の育て方

- ✓ **現場を理解し、課題を見つける努力を惜しまない。**
- ✓ **課題への対応は、迅速かつ前向きに取り組もう。**

05

考えを問いかけ、受け止め、考えさせる

職員の思いをしっかりと受け止める

人材育成には、いくつかポイントがあります。

これまでプレイヤーとして、係長として、成果を上げてきた皆さんの指示通りに職員が動けば、仕事が大きく滞ることはないでしょう。しかし、これでは人は育ちません。職員が自ら考え、行動できるように成長を支援することが大切です。

新たな仕事を進める場合は、職員にその背景や取組みの目的などの説明をすることになります。次に、これに対してどのように思うか、まずいったん問いかけ、職員の考えを受け止めるステップを踏みましょう。そのためには、**課長から話を始めないことがコツ**です。課長から、自分の考えと異なることを述べられると、職員は言いたいことを言えなくなります。「懸案だった○○を来年度から実施したいのだけれど、係の体制はどうしたほうがよいかな?」と問いかけると、「課長はどうしたらよいと思

いますか?」と職員が尋ねることがあります。この場合も、すぐに答えを言わず、「○○さんだったらどうするのが一番よいと思うかな?」と逆に質問を投げかける余裕を持つことです。

この考えに対し、「これでは、時間がかかりすぎてしまうので、詳細な指示を出したほうがお互い理解しやすいのではないか」というのも1つの道理です。

しかし、職員を育成していく視点からは、課長から、**「あなたは、どう思う?」と問いかける**ことが重要です。職員としても、一方的に指示されるよりも、新しい仕事を「自分事」として当事者意識をより強く持つことができます。時間はかかるかもしれませんが、こうした過程を経ることが職員のやる気に火をつけるのです。

そして、問いかけたからには、しっかりと傾聴しましょう。相手の話し言葉に最後まで耳を傾けて理解する。また、話し言葉の背景にある感情も受け止めて、共感する。こうした真摯な態度でしっかりと話を聞くことが重要です。

共感できる課長をめざす

次にポイントとなるのが、否定の言葉を使わないことです。

私も課長になりたての頃には、つい否定的な言葉を使ってしまうことがありました。しかし、職員研修に、小グループでアイデアを出し合う、「ワールドカフェ」の手法を取り入れる中で、今は、職員に対して、否定的な言葉は使わないように心がけています。話し合いでは、**相手の意見を否定しないこと、疑問点は納得するまで質問すること**です。こうすることで、新たな取組みに対して、職員からいろいろなアイデアや意見が出るようになり、さまざまな視点で検討を深めることにつながっていきます。

職員の立場に立ち、想像力を持って、お互いに共感することを大事にして、対等な気持ちで話し合いを続けるテクニックを身につけていきましょう。

気づきを与えて考えさせる

「あえて正解を教えない」という指導は、係長時代にも行ってきたと思います。課長になってからの指示では、もう少し大きな視点を持って仕事をすることを伝えていきましょう。たとえば、国や県で検討されている制度改革について、自分の自治体の実績数値から見えてくる今後の施策はどのようになっていくと想定されるのか。

また、各種アンケート調査から見えてくる市民生活の実態に対応するにはどのような施策が考えられるかなどといった投げかけも有効です。

さらに、本会議での一般質問の答弁作成などもよい機会としていきましょう。作成する答弁案は、首長か部長が本会議場で答弁するものです。そのため、「ただ単に担当する事務事業の現状をまとめるだけでなく、首長の選挙のマニフェストや施政方針を踏まえて作成するように」と指示します。これらは、普段の仕事を進めるためには、あまり必要な視点ではありません。しかし、大きな計画を策定する場合や自治体としての重点施策を策定するなどの場合には、必ず役に立つ視点です。今後、係長や課長に昇任する人材の育成にもつなげる視点を持っていきましょう。

考える職員の育て方

- ☑ 職員の思いを受け止めて、新たな仕事を職員自らの仕事と認識させる。
- ☑ 大きな視点を持たせ、昇任を見据えた人材育成を行うことも重要。

06

「説得」ではなく、「納得する」まで繰り返す

まずは自分が納得できるまで考える

「首長が、先進的な取組みにつながる施策が少ないと言って、うちの部に関係する施策を充実させて、貧困対策を行うことになったからよろしく」

ある日、部長からこんな指示を受けました。

課長のあなたが「貧困家庭支援というより、バラマキに近い施策になってしまうのではないか？」と思ったとしましょう。しかし、現実には、なかなか異を唱えるのは難しいこともあるでしょう。そこで大切なのは、**まずは受け止め、部長の指示、首長のビジョンを踏まえて、自分が納得できる施策を考えていく**ことです。

私たち管理職の役割は、こうした施策について、財政的な負担や施策実施の効果、自治体としての独自性などを総合的に勘案し、施策内容をブラッシュアップすることにあります。こうした多方面からの検討を行うことで、課長自らが納得する施策にす

ることが重要です。ただ一言、「部長からの指示で○○を行うことになったので、よろしく」と職員に告げるような、単なるメッセンジャーであれば、課長でなくとも務まるでしょう。首長や部長から指示があったとしても、しっかりと自分なりの視点で施策を構築し直すことがとても大切です。

広い視野から考えさせる

施策を自分なりに構築し、部長との調整も済ませたら、いよいよ、「職員との話し合い」を進めていきます。**「職員への指示」ではなく、あくまで「話し合い」**です。新しい仕事の場合、職員への指示という認識をそもそも持たないほうがよいでしょう。「結果的に新たな施策を実施するわけだから、指示することに変わりはないのでは」と思う気持ちは理解できます。しかし「部長からの指示で……」というより、はじめは、「新しい施策について、相談があります」と話したほうが、前向きな話し合いにつながります。また、「枝葉」の部分の議論は紛糾しやすいものです。施策の持つ意義など、広い視点をお互いが持てるようにすることから話を進めていくと、生産的な話し合いにつながっていくものです。

俗な言い方ですが「腹の底から納得した」が大切です。限られた人員で多くの仕事をこなしている現状であっても、職員が納得感を持った場合、仕事に意欲を持って前向きに取り組んでくれるものです。

「なんとなく課長のマジックにはまってしまって、本当にいろいろ新しい仕事をしたと思います。負担というより楽しく仕事ができて、一緒に取り組んでくださった皆さんにも感謝いたします」。以前、一緒に仕事をした係長の歓送迎会での挨拶です。課長としてはうれしい限りの挨拶でした。課長が「面白そうだから、やってみよう！」という、前向きな姿勢を示すことが、何より大切なのです。

考える職員の育て方

- ✓ 新しい取組みは、まず自分自身が納得し、職員と話し合いを進める。
- ✓ 新たな取組みを楽しむ姿勢を持っていく。

07

チャレンジを支え、失敗の責任を持つ

安心して取り組める環境をつくる

「子どもの少年野球で、大振りの三振をしたときに、「ナイススイング！」とコーチが言ったのには、さすがに驚いたなあ」

以前、アメリカで子育てをしていた経験のある方から聞いた話です。

日本では、欠点をなくすという意識が強いため、ときに批判から入りがちです。自治体の現場でも、同様の職場風土がある場合もあるでしょう。しかし、**人は安心できる環境でこそ、力を発揮できる**ことのほうが多いと思います。

ゆるキャラの「くまモン」を営業部長に抜擢した熊本県知事の蒲島郁夫氏は、「皿を割ってもいいから、とにかくたくさんの皿を洗おう」というメッセージで、職員に対して、リスクを恐れずに、チャレンジすることを促しています。また、「部下が自ら行動したくなるような環境をつくるのが、現代のリーダーに求められていること」

とも述べています（蒲島郁夫著『私がくまモンの上司です――ゆるキャラを営業部長に抜擢した「皿を割れ」精神』祥伝社）。

これらの中で、共通するのが、やはり、職場のリーダーの役割の大きさです。リーダーが、「失敗しても大丈夫だから、挑戦していこう」というビジョンを示し、自らも行動で示していくことが重要です。

皆さんも課長として、チャレンジを楽しめる職場の環境をつくっていきましょう。

具体的な行動を促すしくみをつくる

現場（窓口での住民や職員など）の声を聴き、しっかりと改善策を立て、それを現場に還元するというサイクルを回していくことを、現場主義の実践と呼んでいることは、ＳＴＥＰ２「07 小さな違和感を見逃さず、改善を積み重ねる」で解説しました。ここでは、この取組みを、人材育成の視点から解説します。

まず、定例の係長会で、現場からの声について報告を受けましょう。この中で、どんなに小さなものでも改善の方向性を示して具体策の実施に取り組んでいきます。

たとえば、こんな事例を聞いたことがあります。

3月と4月の戸籍住民課の待ち時間対策として、テレビを置くなど、待ち時間のストレスを軽減する対策を実施。しかし、本質的なサービス向上は、待ち時間そのものの短縮と想定し直し、相談専用窓口の設置や、帳票類の流れの改善などに取り組み、待ち時間を大幅に短縮したそうです。

このように、**改善には、業務と関連した、しっかりとしたビジョンを示すことが大切**です。はじめは、指示を出しながら、小さな改善を積み重ねていくことを大切にしていきましょう。また、改善内容の実施にあたっては、課の職員全員に丁寧に周知していきます。改善へのビジョンを示し、小さな改善を重ねることで、課長や係長からの指示だけでなく、自然に職員からの改善提案が出されるようになってくるものです。

成果は職員のもの、失敗は課長のもの

自治体によっては、年間で成果を上げた職場や職員を表彰する制度を設けているところもあると思います。こうした制度があるならば、使わない手はありません。改善で成果が上がったものは、小さなものでも申請し、自治体全体での評価につなげていきましょう。

一方で、なかなか想定したことがうまく機能しない場合もあります。

保育課長時代、公立保育園で小さな事故が続き、現場に沈滞ムードが蔓延していました。そこで保育園の職員に「後遺症が残るような事故はダメだが、集団生活の中で小さな怪我は付き物である。子どもが元気に過ごせるような保育をしてほしい。取組みを進める中で、住民からの苦情は、課長も対応するし、万一、裁判になっても構わない」と指示しました。結果的に苦情も減り、保護者からの評価も高まりました。

「課長が失敗のリスクの責任をとってくれる」という職員の安心感が、活力ある職場の実現につながっていくのです。

考える職員の育て方

- ✓ リスクを恐れずに、安心してチャレンジができる職場をつくろう。
- ✓ 職員の失敗は、課長が責任をとるのが基本。

08

管理職手当は「還元手当」と心得よう

インフォーマルな付き合いも大切に

「飲みニケーション」という言葉は、過去の遺物になった感がありますが、いかがでしょうか。以前、部内の課同士の連携が不十分で、電話だけで連絡しあうなど、必要最低限の連携しかなかった部に異動したことがあります。そこで、係員の飲み会を企画しました。飲み会は強制でもなく、お知らせも若手職員が行うという、超インフォーマルなもの。80人程度の部でしたが、意外にも30人ほどが集まりました。

飲み会後には、「また開催したい」という複数の意見があり、年間5回ほど実施しました。職員同士が仲良くなることで、仕事が円滑に進むという副次的な効果もありました。なお、当然、飲み代は傾斜配分です。

時間外の飲み会を課長が頻繁に企画したり、参加に対して半強制的な印象を与えてしまったりすることは避けなければなりませんが、職員とのインフォーマルな付き合いも大事にしていきましょう。

職員へのねぎらいも忘れない

職場の事務改善に取り組んでくれたり、夜間の住民説明会が無事終了したりしたときなど、職員が力を発揮してくれたときには、職員への慰労会を開催することも、職場内のコミュニケーションの円滑化に役立ちます。

こうしたときは、課長が応分の負担をしたいもの。歓送迎会や暑気払い、忘年会など、明確に会費が定まっている場合は、**少し多めでキリのよい額を幹事に渡す**とよいでしょう。

以前、先輩課長から「職員がしっかり仕事をしてくれているから、自分たちが課長でいられることを忘れてはダメ。飲み会があったら、課長がおごるくらいでちょうどいい。そのために管理職手当をもらっているんだ。管理職手当は、職員への還元手当と思わなければダメだ」と指導されたことがあります。管理職とはいえ、給与が上がらない時代ですが、個人的にはこの言葉の持つ意味の深さを実感しています。

ある自治体の「〇〇文庫」

本書を含めて、皆さんは、仕事に関する本を買うことがあると思います。ある自治体の管理職は、そうした書籍でおすすめのものなどを職場に持って行き、関心のある人なら誰でも読めるように、置いているそうです。その管理職の名前をとって、通称「〇〇文庫」と呼ばれているといいます。

専門書は値段が高く、若手職員の中にはなかなか買えない人もいるでしょう。そうした人に向けて、強制ではなく、「いつでも読んでいいよ」と管理職が自腹を切った本を開放する。これもまた、管理職手当を「還元手当」としている例といえるでしょう。

考える職員の育て方

- ✓ ときには職員の慰労をかねて、時間外の付き合いも有効に活用する。
- ✓ 管理職手当は、職員への還元手当と意識する。

09

仕事の成果には、次の仕事で報いる

より高度な職務を任命して苦労に報いる

公務員には、職務上の成果に対して、特別な「報酬」を持って報いるという制度はありません。しかし、課長の立場から見て、「本当に頑張ってくれたな」と思うような仕事をしてくれている職員はたくさんいるものです。

これまで、こうした職員に対しては、課長からの評価の言葉や、ときにはねぎらいの場の設定などが有効であることを解説してきました。

これらと同時に、**職員の苦労に報いるには、より高度な仕事を任せることも大切**です。やりがいのある難しい仕事を任されたとき、職員の仕事に対するモチベーションは上がり、そして成長速度も加速します。なお、こうした対応を行う場合は、面談などの機会を有効に活用し、言葉に出して、しっかりと職員に伝えることが重要です。

複数担当制でリーダーを任せる

日々の仕事に努力している職員は、将来的に係長や課長になりえる人材です。たとえ、そうでなくとも、さらなる力量を持ってもらうよう、課長として指導していきましょう。

係長になる前であれば、関連する職務を担っている職員を小グループにまとめ、今後係長になる人材にそのリーダーを任せていきます。1人で仕事をこなすことと、グループをまとめることは仕事の本質が異なります。人材不足などから、ゆとりある人材育成が難しい時代にあっては、計画的、意図的な人材育成が強く求められています。たとえ短期間であっても、さまざまな経験を積むことができるよう配慮しましょう。

時折、課の運営が安定しているからといって、仕事の分担を変えずにそのまま継続する課長がいますが、あまり度が過ぎると、将来を見据えた人材育成につながらないことを自覚しておく必要があります。

定期異動で配慮する

異動は、すべての職員にとっての最大の関心事。成果を上げた職員には、最大限、希望が叶うよう配慮していきたいものです。このとき大事なのは、一方的に職員の思いを聴くだけではなく、職員1人ひとりが充実した公務員人生を歩めるよう、キャリアプランを考えた上で、課長からも提案することです。

たとえば、企画、財政、総務系に偏るのではなく、途中に、住民と直接関わる部署や、福祉系職場などへの異動も経験させたいものです。実際に、官房系の部署しか経験がないまま管理職となり、その後事業系の部署に異動になり、苦労した課長も見てきました。職員を育てる視点から、よりよい定期異動を提案していきましょう。

考える職員の育て方

- ☑ 仕事の成果には、さらにやりがいのある仕事で報いる。
- ☑ 職員との話し合いを通して、その人に合ったキャリアプランを考える。

10

「減点主義」ではなく「加点主義」で評価する

人事評価は課長の大事な仕事の1つ

人事評価制度は、職員の育成と、職場全体の士気高揚を目的として実施します。職員が自らの職務を遂行するにあたって成し遂げた業績を評価する「業績評価」と、職員が発揮した能力を評価する「プロセス評価」の2つがその要素となっていることが一般的です。

もう少し具体的にいえば、「業績評価」は、職員が設定した目標に対する成果やそれ以外の業績や仕事への貢献度などを、職員の職責に応じて評価します。「プロセス評価」は評価の期間（通常年度内）に職員が仕事を行う過程で発揮した能力や仕事に対する取組み姿勢などを評価するものです。

このようなしくみを理解しても、1人の人間である課長が職員を評価するのは難しいものです。日々の職員の仕事ぶりをしっかり観察し、面談の場で職員と課題を共有することで、客観的な事実に基づき、公平・公正な評価をしていきましょう。

なお、さらなる留意点として、**家庭や個人的な事情、勤続年数や年齢、学歴、性別、義理人情や職員の評判など、人事評価と直接関係ないことは、評価材料に加えない**ことで、職員1人ひとりの人事評価を確実に実施していきましょう。

面談を有効に活用する

人事評価制度では、評価を能力開発に適正に結びつけ、評価に対する納得性を高め、職員のやる気を増進させるために面談を実施します。通常、①当初の「目標設定の面談」→②進捗状況を振り返り、次につなげる「中間面談」→③評価を伝え納得性を高める「フィードバックの面談」の順に、3回が実施されます。

面談を有意義なものとするためには、まず、**①仕事を進める上での職員の考えを知り、職員にも課長の考えを伝え、お互いの考えを共有する場であると認識する、②目標設定や課題設定などは、職員が納得することを大事にして、一方的にならないよう結論を急がない、③無理やり説得はしない、**の3点を心がけましょう。

その上で、職員が納得し、やる気を持つために、①課長が伝えたいことを整理する

「事前準備」、②職員の話を聞く「職員からの説明」、③評価や課題を伝える「課長からの説明」、④職員に考えさせ、課長としての支援を伝える「課題確認」、⑤「最後の課長としての励まし」の順番で実施します。また、お互いの視線がぶつからないよう、斜めに座るなど、柔らかな雰囲気を演出することも面談成功のテクニックです。

適正な評価で職員のやる気を高める

前項まで、1人ひとりの職員にスポットを当て、日々の課長としての職員への関わり方について解説してきました。人事評価制度が導入される前は、これまで解説してきたような課長としての仕事の仕方だけで、職場も職員もまとめていくことができました。その根底には、しっかりと職員に向かい合う、課長としての真摯な取組み姿勢があったのでしょう。しかし、現在は、人事評価制度をしっかりと「使いこなす」ことが求められています。そのためには、繰り返しになりますが、**「職員に関心を持つ」という基本姿勢を持ち続ける**こと。そうすれば、適正な評価ができ、職員はあなたについてきてくれます。自信を持って、職員に向かい合っていきましょう。

いいところ探しを基本に、課題は適切に指導・助言する

部下を指導し、成長させるためには、職員の「いいところ探し」を基本にしつつ、成長に必要な課題があるときは指導・助言することを、課長としての行動原理の基本にしましょう。そのためには、自分自身が余裕を持つことも必要です。仕事を「楽しむ」余裕、係長や職員に「頼る」余裕、部長に「相談しながら仕事を進める」余裕など。ぜひ、自然体として課長を「楽しむ」余裕を持ってください。

考える職員の育て方

- ☑ 職員の毎日の仕事の進め方に関心を持ち続けよう。
- ☑ 職員のよい部分を見つめることを基本としつつ、適切な指導も行う。

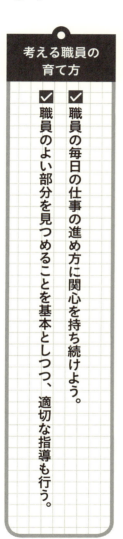

［よくある質問③］

心身に問題のある部下への対応

Question

心身に問題を抱える部下にどう対応したらよいでしょうか？

Advice

配置された職員1人ひとりが即戦力としてその能力を発揮してくれなければ、仕事が回らない現代。しかし、何らかの課題のある職員が配置される場合があります。

特に、自治体では近年、メンタルに不調をきたして、休暇を取る職員が増えてきています。日常の対応で、職員が疲れていそうだと感じたら「短時間で目が覚めないか、食事しているか」を聞いてみましょう。「就寝してから朝まで、1時間半くらいで目が覚めることを繰り返している」ような状況であれば、早めに通院を勧めてください。早期の対応が、メンタルヘルス対応の大原則です。

また、最近では、「大人の発達障害」も話題になっています。かつて、1つひとつの仕事はしっかりこなすのに、複数の仕事を同時に進めることができず、「自閉スペクトラム症」と診断された職員がいました。話し合ったところ、本人が職場内にもオープンにすることを望んだことから、周りの職員も彼の強みを生かしつつ、同時に複数の仕事は指示しないことを徹底し、仕事が進むようになりました。

こうした問題は、周囲の無理解が本人を孤立化させたり、パワハラにつながったりすることが少なくありません。

課長として、まずは職員の事情を理解することに努めましょう。

STEP

4

発信力・発言力を高める

01

「伝わる話し方」は課長にとって武器になる

話すことの重要性を理解する

課長になると、施策のプレゼンテーションや住民説明会、議会説明や答弁、研修講師など、いわば公の場で大人数を相手に話をする機会が飛躍的に増えます。それぞれの場面に応じて、相手の立場や状況を踏まえた効果的な話し方が求められるため、課長はある意味で、プロの話し手、スピーカーとしてのスキルを磨く必要があります。

しかし、残念ながら日本の公教育では人前での話し方は教えてくれませんし、自治体の研修でも話し方の研修はほとんどありません。

皆さんも、課長になるまでに、話し方について学んだり、意識したりする機会はあまりなかったのではないでしょうか。しかし、課長にとって相手に伝わるように説明し、理解してもらうことは、最も重要な仕事の１つといっても過言ではありません。わかりやすく話す技術を身につけることで、格段と仕事が進めやすくなります。

話し方をセルフチェックしてみよう

どんな人にも、必ず話し方の癖があるもの。その癖が、自分の話が相手にうまく伝わらない要因になっているケースは、少なくありません。そこで、まずは自分の話し方を客観的にセルフチェックしてみましょう。方法は、**①録音した自分の話を聴いてみる、②議会答弁の議事録をチェックしてみる、の2つがおすすめ**です。

私も課長になりたての頃、議会議事録を読んで自分の発言に唖然としたことがあります。まず、説明がやたらとくどい。主語と述語との間にたくさんの説明が入っていて、とてもわかりにくいのです。

また、特定の口癖や言い回しを使う人もいます。たとえば、逆ではないのに「逆に」。納得を示すわけではないのに「なるほど」。まとめているわけではないのに「要するに」。また、抑揚がなく一本調子な人もいれば、1つの発言が長くて、文字に起こすと「、」（読点）の連続で「。」（句点）までが非常に長い、という人もいます。

皆さんの周りにも1人はいると思われるのが、「あー」「えー」が頻繁に入る人です。以前、まさにこのタイプで、議会答弁で声はよく通るものの、その声の大きさで「あー」などが入るため、答弁が聞きづらい課長がいました。本人はそのことにまったく気づいていなかったため、私は次のようにアドバイスしました。

「『あー』や『えー』は、次に話す言葉を探す間に、何か言わなければならないと焦る気持ちから出てくるもの。『あー』や『えー』は声に出さず、心の中でつぶやくと、適度な間もできて、聞きやすくなるよ」

なお、プロの落語家も、録音を聴いて自分の声をチェックするそうです。ただし、何度も聴いていると、そのうち慣れて何を直せばよいかわからなくなるので、録音を聴くのは多くて2回までがよいとのこと。皆さんも、まずはここから始めましょう。

言葉を武器にするために

- ☑ 相手に説明し、理解してもらうことは、最も重要な仕事の1つ。
- ☑ 自分の話し方を客観的にセルフチェックして課題を見つける。

02 聞きとりやすい話し方、声の出し方を身につける

心地よい話の速度をつかむ

皆さんは、「間抜け」な話し方をしていませんか？

間抜けといっても、見当外れといった意味ではありません。文字どおり、「間」が抜けていないか、ということです。

文章には、「、」（読点）と「。」（句点）があります。話をするときも、文章をイメージして、「、」「。」のところでしっかりと休むことが大切です。**目安としては、「、」は1を、「。」は1・2と気持ちの中で数を数えるくらいのイメージ**で話してみましょう。ぐっと話が聞きやすくなります。

また、文章を書くときに、「一文は短く」「一文一義」（1つの文章には、1つの情報だけを書く）と言われるように、話すときも、できるだけ短く伝えることが大切です。話を文字に起こしたときに、「、」の連続で、「。」までが非常に長い人は、要注意

です。

「立て板に水」のような早口で話をする人もよくいます。頭の回転が速い人だと思いますが、こうした話し方は、相手に攻撃的な印象を与えてしまい、反感を買いやすいので注意しましょう。

アナウンサーは、1分間に大体370文字を読むといわれています。ちなみに、本市の市長は、340文字です。余談ですが、議会事務局は議員ごとに1分間に読む文字数を把握しています。**いい話し方だなと思う人のスピードを真似してみるのも上達の早道**です。

当たり前のように感じるかもしれませんが、いずれにしても、状況に応じながら、「相手のために話す」という意識を常に持つことが大事です。

相手に届く声の出し方を訓練する

普段の会話と、議会答弁や住民説明会における話し方で最も異なる点は何か。それは、「相手に届く声を出す」ということです。

私は課長になりたての頃、大きな声で話すことができませんでした。住民説明会などが続くと、どうしても声が涸れてしまう始末。どうすればよいか悩んでいたとき、ゴスペルを趣味で歌っている友人から、腹式呼吸を基本に話し方を工夫することをアドバイスされました。

腹式呼吸は、「背筋を伸ばし、鼻からゆっくり息を吸い込む。そのとき、おへその下に空気をためていくイメージでおなかを膨らませる。次に口からゆっくり息を吐き出す」というものです。声を出す訓練につなげるには、「口を少し空けて、歯を閉じ、息を肺にたくさん入れて、目の前の蝋燭の火を一気に吹き消すイメージで空気を口から吐き出すことを繰り返す。このとき、肩を上げないように注意する」のがおすすめです。

腹式呼吸は、もちろん実践してみることが大切。自治体の課長であれば、住民説明会で実践してみるとよいでしょう。

皆さんが住民説明会の司会と説明の役割を担ったとします。通常、冒頭に説明会開催の趣旨と出席している市民への謝辞を述べてから、具体的な説明に入ります。

私は、具体的な説明に入る前に「このくらいの声の大きさで説明させていただきますが、一番後ろの方は聞こえますか?」と腹式呼吸を意識した話し方で問いかけます。こうすることで、会場の市民は「この人は自分たちに配慮して、しっかり説明しようと思っている」と理解してくれるはずです。マイクを使うときも同様です。また、開口一番で、「おはようございます！（少し間を空ける）」「皆さん、こんばんは！（少し間を空ける）」などと、挨拶を元気よく行います。元気な挨拶は、聞いている人を引き付ける効果があります。くれぐれも「えー、本日はお忙しいところお集まりいただき……」などと、ぼそぼそと聞きにくい挨拶から始めるのは避けましょう。

これらを腹式呼吸で発声してみると、普段の「胸式呼吸」による声とは、声の質が断然違って、参加している人が、自分の発言に気持ちを寄せてくれることを実感できるはずです。日々の少しずつの練習で、相手に伝わる声を手に入れていきましょう。

言葉を武器にするために

- ☑ **自分の話し方の癖を知り、改善していく。**
- ☑ **腹式呼吸を基本とした話し方で、相手に伝わる声を身につける。**

03 自分の言葉を「聴く意識」を持って話す

発言主旨を明確にする

「えーとぉ、それなんですけどぉ、ですから、またですねぇ……」

接続詞をつけて、長々とよくわからない議会答弁をする課長がいました。議員から「その辺で結構です」と言われると、「そうですかぁ、すみません。ありがとうございます」と答える始末。もはや議員も上司も諦めてしまい、黙認されていましたが、決してほめられるものではありません。

説明会の質疑応答や議会答弁では、伝えたいことにしっかりと的を絞り、発言の主旨を明確にするように意識しましょう。それには、**話の道筋を整理した上で、キーワードをメモしておく**ことが有効です。話す内容をそのまま文章にするのはNG。なぜなら、どうしても棒読みにならざるをえないからです。主旨を構成するキーワードをつなぎながら、文を一区切りにして「。」をつけるイメージで間を空けて発言します。さらに、短い文と文の間には、「次に」「また」「さらに」「なお」などの接続詞を有効に使いながら発言をします。そうすることで、歯切れがよく、言いたいことがしっかりと相手に伝わります。普段から言い切るイメージで話をする訓練をしておくとよいでしょう。

なお、主旨を明確にすることを最優先しようとして、あまりにストレートすぎる発言は、立て板に水のような話し方と同様に、聞き手に反感を持たれかねないので注意が必要です。

論理的に話をする

自らの発言に説得力を持たせるためのもう1つのテクニックに、矛盾なく話をすることがあります。メモを作成したら、**論理的矛盾（主張と根拠が両立しない）**、**（論理的飛躍（主張と根拠がつながらない）**がないかどうか、**必ず確認**してください。

また、意味の異なる複数の要素が入った内容を説明すると、時々、言い間違えてしまうことがあるものです。こうしたことを予防するために、ぜひ、自分が話をしながら、横にいる第2の自分が同時に自分の声や話の内容を聴いて、確認しているというイメージを持ってみましょう。たとえば本来ならば「○○については△△です」と説明しなければならないところを「○○については、××……」と言ってしまうことがあります。このとき、自分の言葉を聴いて確認できていれば、聞き手にわからないように、「……××という指摘もありますが、○○については△△です」と語尾を修正することにより、辻褄を合わせて、結果的に論理的に話をすることができます。

また、「今、少し速めのスピードで話をしているので、もしかしたらわかりづらいかもしれない」と気づくことで、「少しわかりにくかったと思います。もう一度ご説明いたします」などと受け手の気持ちに寄り添いながら、話をすることができるものです。

言葉を武器にするために

- ✓ **話す内容はあらかじめ整理し、キーワードをメモしておく。**
- ✓ **話をしながら、第2の自分が自分の話を聞く意識を持つ。**

04

首長議会答弁は、トークスキルを磨く格好材料

首長答弁を朗読する

ラジオなどで物語の朗読が放送されると、知っている話でも、つい聴き入ってしまうことがあります。

なぜ、聴き入ってしまうのか。それは、**①間をとる、②抑揚をつける、③際立たせる、という朗読の3つのコツが盛り込まれている**からです。

そこで、首長の議会答弁を朗読することをおすすめします。首長答弁は、議員に伝えるためだけではなく、市民に対するメッセージのために作成するものであり、相当、練りこんで作るものです。また、首長答弁は聞きやすいように、声に出して読みながら作成するのが原則です。そのため、とてもわかりやすく聞きやすい文章になっているのです。また、答弁を朗読することは、議会答弁独特の語彙を覚えることにもつながり、まさに、一石二鳥の勉強になります。

朗読エクササイズ

淡々と、一定の速度で声質が統一された話し方は、機会の音声のようで、長い話になると、聞いている人の眠気を誘います。相手にしっかりと自分の話を聞いてもらうには、それなりのサービスが必要です。こうしたことは一見簡単そうですが、いざ、自分でやってみると、練習の必要性がわかってもらえると思います。

まずは、朗読を開始する前に、施政方針や首長答弁の、強調するところはどこかを考えてみましょう。強調すべきところにラインマーカーで印を付け、強調する箇所はゆっくり話をすると、聞き手は、「ここが重要な主張だな」と認識してくれます。

また、読み方に緩急をつけると、メリハリのある伝え方になります。具体的には、接続詞に緩急をつけることや、声の高さを変化させるなどを意識してみてください。

さらに、読みやすくするために、意味のまとまりごとに読むようにするとよいでしょう。

次の囲み内の文章は、実際の首長答弁です。強調する部分に傍線、さらに強調したい部分に網掛けを入れてみました。

本格的な少子高齢社会の到来という大きな流れの中で、社会保障関係経費については、今後とも増加することが避けられません。また、体育館等の大型市民施設の建替えや改修に加え、老朽化した小・中学校の改築など、数十億円規模の経費が必要になる施策も控えております。
　このような状況下において、議員ご指摘のとおり、メリハリの利いた効率的な財政運営を継続的に行っていくことが重要であると認識しております。

必ずしも、これが正解というわけではありませんが、こうした原稿を作って練習してみてください。滑舌の悪さや、語尾を延ばすなどの癖の改善にも有効です。

言葉を武器にするために

- ✓ 首長答弁を読む練習で、議会答弁特有の語彙も学んでいく。
- ✓ 緩急をつけたメリハリのある話し方をマスターしよう。

05

会話を続けるテクニックを身につける

雑談できない人は、どこか近づきにくい

「なかなか会話を続けることができなくて、沈黙が続いて、気まずい思いをすることが多いんです」「初対面の人だと、何を話してよいかわからず、なるべく早く用件だけ打ち合わせるようにしています」

若手課長との勉強会でよく相談されるのが、この「雑談が苦手」という悩みです。課長になると、地域の会合や賀詞交換会に出席する、仕事の関係で初対面の人と会うなど、庁外の人と接する機会が増えてきます。こうした場面で、相手と適切なコミュニケーションを図れるかどうかは、仕事にも大きく影響します。また、仕事上の指示や打合せはできても、雑談レベルの話ができない人は、どこか近づきにくい印象を相手に与えてしまいます。

前述の課長のように、「沈黙が続いて、気まずい思い」がなくなれば、相手との距

離を縮めることができます。これが雑談などの短い会話の持っている力です。気軽な内容で、双方が負担にならない会話は、すでに述べたとおり、職場の雰囲気づくりや部下指導にも役立ちますが、誰に対しても有効です。

部下だけでなく、関わりを持つすべての人と雑談を行うことができれば、安心感や信頼感を与え、課長としてのあなた自身の高い評価につながっていくものです。

人は自分の話を聞いてほしいもの

実は、私も短い会話をするのが苦手でした。しかし、あるとき、何かの本で「賀詞交換会などで、最初に立っていた位置から移動した距離が、その人のコミュニケーション力である」という指摘を読み、ハッとした記憶があります。もちろん、単純に歩き回るのではなく、誰かと話をすることがセットです。

私が人と話をするのが苦手だったのは、「意味のある内容の話を、自分が伝えなければならない」という固定観念があったからでした。しかし、雑談はあくまでコミュニケーションの手段です。内容自体に意味を持たせる必要はありません。苦手な会話を克服した今、皆さんにお伝えしたいこと。それは、**「大前提として、人は、自分の**

話を聞いてほしいという欲求を持っている」「相手の話を聞く姿勢を持つ」ということです。

会話に困ったら質問で乗り切る

公務員の仕事の場合、民間事業者のように、何かを相手に売り込むことはあまりなく、逆の立場になることが多いと思います。そのため、簡単な挨拶の後、すぐに「それでは、打合せをさせてください」と話を進めても、あまり違和感がないかもしれません。しかし、できるだけ相手に安心感や信頼感を持ってもらい、今後も良好な関係を築きながら仕事を進めるためには、雑談も必要です。

会話のきっかけは、**相手に対して関心を持った事柄から始めるのがコツ**です。名刺交換で、珍しい苗字であれば「珍しいお名前ですが、どちらのご出身ですか」という質問から入ります。「○○県です」「そうですか、○○県のどのあたりですか」という具合に、相手の話に質問でつなげていきます。偶然あなたと同じ県の出身であれば話が弾むでしょうし、近くの県の出身なら、「私は、△△県なので、お近くですね」、そうでなくとも、「○○県といえば、△△が有名ですよね」などと、会話は続けられます。

また、相手の話した内容を、「それは◯◯ということですね」などと別の言葉に言い換えて話をすると、相手は「この課長は、しっかり自分と向き合ってくれている」と受け止め、信頼感を持ってくれます。

さらに、**「はい」か「いいえ」で答えられるクローズの質問はなるべく避けることも大切**です。「そうですか、マラソンがご趣味なんですね」では、「はい」で終わってしまいます。「フルマラソンだと、一番苦しいのはどのあたりですか」といったオープンな質問にすると、話が広がっていきます。これらのテクニックは、人事評価の職員面談など、応用範囲が広いので、ぜひ、自然に使えるように身につけていきましょう。

言葉を武器にするために

☑ **短い会話はあなたへの安心感や信頼感を高める効果的な取組み。**

☑ **会話に詰まったら、相手への質問で話をつなげよう。**

06 「事前は説明」「事後は言い訳」と心得る

なぜ報告してくれないんだ！

ある小学校で、嘔吐下痢の症状が広がり、複数の児童が短期的に入院したことがありました。食中毒や感染症などの視点から学校医や保健所と相談していたものの、急に寒くなった時期で風邪などの体調不良も想定されることから、原因の特定は難航。

時間が経つうち、地元議員から「一体どうなっているんだ。議員に何も報告しないで。地元の保護者から先に情報が入って、まったく知らなかったことで大恥をかいたではないか、面目丸つぶれだ！」と怒りの電話が入りました。こちらとしては、原因特定を待って報告する予定だったことを説明しても、議員の怒りは収まりません。こうした、議員への報告をめぐるトラブルは、どこの自治体でも少なからずあるのではないでしょうか。

一方、市の総合センターにおける耐震偽装問題が報道された翌日。速やかに市民説明会を開催し、直ちに大きな問題はないことなどを丁寧に説明し、混乱を最小限に止め、なおかつ、市民からは「迅速な説明をしていただき、安心しました」などの感謝の感想を寄せてもらったこともあります。

想像力を働かせる

さて、前出の議員は、「原因特定を待って報告する予定だった」と説明しても、怒りは収まりませんでした。それはなぜか。**人は同じような内容であっても、事前であれば「説明」と受け取り、事後の場合は「言い訳」と捉える**からです。

あらかじめ、「原因の特定がまだできていないのですが、○○小学校で児童○名が入院しました」と伝えていたら、議員から叱責されることはなかったはずです。

こうした「有事」は、いつ発生するか、予測はできないため、平常時から有事の際の対応を想定しておくことが大切です。

人の行動や意識は週や月などの暦を単位とした時間を基本としていることを踏まえ、対応の基本を押さえておくことが大切です。

まず、有事が発生した場合には、部長に一報を入れます。首長に報告するかどうかは、このとき判断します。次に、**有事の状態に対する当面の対応を続けられるのは、長くとも1週間以内**と考えておきましょう。当面の対応をしたら、遅くとも翌週には、次の行動のための新しい方針を策定します。時機を逸すると、打つ手が負のスパイラルに陥りがちです。

前述の小学校の事例で、嘔吐下痢の症状発生の一報が入ったのは、11月6日（火）でした。2日前の日曜日に学童保育父母会主催のお楽しみ会なども開催されていたため、当面、給食の細菌検査に加えて友達関係や家族関係の情報収集を行うこととしました。こうした当面の対応の期間は、1週間が目安です。翌週、症状が改善せず、複数の児童が一時入院するという新たな状況が発生。次の対応として、学校医、保健所などと原因究明の打合せを実施。しかし、有効な原因特定ができず、事態が収束したため、月を単位とする対策までは取りませんでした。

また、総合センターの耐震偽装問題では、まず1週間を目安に新聞報道と同時に市民説明会の開催と建設業者の聞き取りを実施。翌週、1か月後に再度構造計算結果報告を求める指示。1か月後、梁の補強対策の方向性を出し、その後は、1月単位での工程表を作成。

このように、当面の対応後は、4週間単位（月単位）で具体的な対応を行っていくことが基本となります。また、夏休み、年末年始などの時期をしっかりと捉えることも意識してください。このように、適時適切な対応をしっかり行うことがとても重要なのです。

こうした時間軸とともに、日頃の課長指導では、「事前は説明、事後は言い訳」と心得るように伝えています。どのタイミングで、誰に何を説明するか、内部の調整・外部の調整・議会との調整など、相手と内容、時期を捉えて、その都度、戦略を持つようにしていきましょう。

言葉を武器にするために

☑ 緊急時の対応の時間軸を常に意識する。

☑ 「事前は説明、事後は言い訳」と心得、説明責任を果たす。

07

嘘はNGだが、あえて真実を言わない場合もある

マスコミ対応の基本を身につける

「〇〇テレビですが、インターネットに出ていた中学校の校則について取材していますが、かなり厳しい校則があるようですが、実態はどうなっているのでしょうか」

学務課長を務めていたある日、某テレビ局から取材依頼がありました。

テレビや新聞では、こうした「自治体ネタ」の取材がよく行われます。広報担当が一括で対応する自治体もありますが、最終的には所管課長のところに確認が回ってきます。マスコミは、視聴者に関心を持ってもらうことや記事として読まれることを優先し、100%真実を伝えてくれるとは限らないので、注意が必要です。

そこで、マスコミ対応は、部下任せではなく、必ず課長自身が行いましょう。離席していた場合は、連絡先を確認し、後から連絡することが基本です。あなたの回答とマスコミの報道に違いがあった場合などは、広報担当部署から、正式な抗議をするこ

となども想定されます。また、報道を目にした議員からの質問も想定されるため、「課長対応」は徹底したいところです。

「暮らしやすい自治体」「子育ての充実した街」など、各自治体に施策の実施状況に関する調査を行い、点数化して優劣をつけた「ランキング」もよくあります。

以前、実感とランクがかなり異なっていたため、職員による調査の回答内容を確認してみました。「この、〇〇施策は『実施していない』という回答になっているけど、△△がその機能を担っているので、回答は『実施している』でよいのでは？」と職員に質問したところ、「確かに△△は実施していますが、〇〇と言い切ることはできないと思いました」と言われ、自分の最終確認の甘さを反省したことがあります。

自治体職員は、公平・公正を仕事の基本としており、アンケートも0か100で回答しがちです。しかし、マスコミに対して、あえて、自分たちに不利な回答をする必要はありません。ときには、発想を柔軟にした対応も必要です。

表現を工夫することを身につける

議会対応でも、表現を工夫することが重要です。課長として議会答弁を作成していたときに、部長から「正直すぎるよ。発覚したときに、言い逃れができないから、嘘をつくのは絶対にダメ。しかし、必ずしも本当のことを言う必要のないときもある。その辺のさじ加減はしっかり覚えておきなさい」と指導されました。

たとえば、施設の統廃合を水面下で計画しているものの、現段階では表に出せない状況で、議員から当該施設の統廃合について質問されたとしましょう。この場合、素直に答えればよいわけではありません。

「現段階では考えておりません（今は考えていないだけ、将来は不明）」

「現在の施設を活用してまいります（するともしないとも言わない）」

など、工夫の余地はたくさんあるものです。**真実と嘘の間にある表現を使いこなせるようになれば、課長として一人前**といえるでしょう。

言葉を武器にするために

- ✓ **マスコミは課長対応を基本とする。**
- ✓ **嘘ではないが真実でもない表現も使えるテクニックを身につける。**

［よくある質問④］

部下との時間外のコミュニケーション

Question

部下を飲み会に誘うにはどうしたらよいでしょうか？

Advice

係長になりたての頃、係のコミュニケーションをより円滑にしようとして、飲み会を考えましたが、「今日あたり飲みに行こうか？」の一言がなかなか言えなかったことを思い出します。歓送迎会、暑気払いなどではなく、課長が自主的に時間外の飲食に職員を誘うのは、課長になったばかりの頃は、結構勇気がいるものです。

住民説明会や大きな仕事の区切りのついた場合などの機会を有効に使っていきましょう。そのときは、係長にそれとなく声をかけて、職員に近い立場にいる係長から声をかけてもらうのがよい方法です。そのためにも、日頃から係長との関係を密にしておくことが大切です。また「今日は都合が悪いので……」などと職員に断られたとしても、「それじゃあ、また都合のいいときにね」などの言葉を添えましょう。

強制的に誘うのはもちろんNGです。時間外のコミュニケーションですから、あくまで自由参加、任意参加の場です。「これって半強制じゃないの」「課長からの誘いを断るなんてできない」といった雰囲気がもし感じられるようであれば、日頃の態度を改める必要があります。職員に、そう思わせてしまうことが、パワハラやセクハラにつながりかねません。ただし、過剰に意識する必要はありません。リーダーとして、人と人との関係づくりと考えて、相手を思いやる気持ちを忘れずに、あくまで自然体で振る舞えばよいでしょう。

STEP

5

会議を制する

01

戦略を持って会議に臨む

会議の円滑な実施で課長としての評価を高める

課長になると、会議を主催し、会議の司会を行う機会が増えます。あくまで参加者の1人にすぎなかったこれまでとは異なり、今後は自分が会議を仕切っていくことが求められるのです。この章では、会議運営について、何らかの合意を得るような会議をイメージして解説しますが、係長会などの内部の打合せなどの会議にも応用すると、より効果的・効率的に進めることができます。

会議が、人が集まって議論をする場である以上、自分の想定したイメージどおりに円滑に進行するとは限りません。一度決着を見た事項について、議論が蒸し返されたり、自説にこだわる人がいて生産性のない議論になったりすることがよくあります。反対に、周りの委員を気にするあまり発言が少なかったり、発言が建前論に終始してしまったりすることもあるでしょう。

このように、会議といっても、その進め方には配慮が必要です。そこで、会議運営のテクニックを身につけ、課長としての評価を高めていきましょう。

その会議に意味はあるか

「会議ばかりで本来の仕事ができない」「課長がいつも会議に出ていて打合せができない」といった声を聞いたことはありませんか？　庁内の職員をメンバーとする会議は、内部のコミュニケーションの場としては有効な手段です。ただし、会議を開くからには、当然あるべき「目的」が明確になっていなければなりません。

情報伝達や情報収集のための会議なのか、意見調整のための会議なのか、問題解決のための解決目標を決定するのか、解決策の実施手順を決定するのかなど、**会議の目的や趣旨、意義、重要性などを明確にし、参加者全員で共有する**ことが重要です。

また、住民参画の取組みが一般的になり、自治体計画の作成・改定、進行管理を目的として、学識経験者や市民を構成員とした審議会を開催することも多くなりました。多様な意見を取り入れ、限られた時間内で合意を形成し、それを実行に移すのが民主主義における決定の理想です。しかし、会議を開いても、議論が論理的、合理的に展開され、メンバーの多数が納得の上で合意し、結論に達するという保証はありません。

それゆえ、何でも会議を開いて決定しようとしたり、会議の趣旨・目的に反して必要以上の人を招集したりするのはよくありません。会議の開催自体が目的化し、かえって非効率な事務執行を招き、住民合意に基づく施策実施に支障をきたしかねないため、会議を開催するかどうかについても、慎重な検討が必要です。

事前準備を十分に整える

会議が成功するかどうかは、事前の計画と準備にかかっています。

まず、会議の主催者は、必要な資料を準備し、最低でも1週間前には参加者に送付するように心がけましょう。また、意見募集などの内部の会議では必要に応じてメールを用いて効率化を図ることも大切です。

市民などを委員とする審議会などでも、メールでの資料送付を希望する委員が増えてきました。こうした場合には、同時に紙媒体での資料の事前送付が必要かどうかも確認することが大切です。以前、メールでの資料送付を希望していた委員がいましたが、資料の量が多かったため、印刷が大変だったと苦情を受けたことがあります。メールで送付する際に、「今回は資料の量が多いため、印刷物を希望される場合はご連絡ください」と加える配慮も、その後の円滑な会議運営に役立ちます。

また、あまり一般的ではないようですが、会議次第ごとに、**事務局として想定している議論の論点を事前に示す**ことも有効です。委員の自由な発言を縛るものではありませんが、前回の主な論点も併せて示すことで、後戻りのない効果的な会議を実施できた経験があります。効果的な会議にするためにも、会議スキルの向上に努めていきましょう。

会議を回す仕切り術

- ☑ **会議開催にあたっては、目的、意義、重要性をしっかりと検討する。**
- ☑ **万全な事前準備で、効率的な会議運営をめざそう。**

02

冒頭で趣旨と全体像を明確に示す

最終的な着地点までのイメージを構築する

多くの会議は、「①審議事項の設定、②論点の整理、③最終報告の骨子の作成、④具体的な会議のまとめ」という手順を踏んで行われます。そこで、会議開催の前に、あらかじめ最終的な着地点を想定しておくことが重要です。会議の最終報告の骨子くらいは、イメージしたほうがよいでしょう。

これにより、第1回目の会議開催の冒頭に、会議の趣旨や目的、どのような議論を行っていくのかを明確に委員全員に示すことができます。参加している委員としても、**何を議論する会議体なのかが理解でき、発言しやすくなる**ものです。そして、2回目以降の会議でも、会議冒頭に、今回はどのような議論をするのかについて、はっきりと示すことからから始めると、議論の混乱と蒸し返しを防げます。

論点の拡大主張に留意する

綿密な準備をしても、会議は想定どおりに上手くいくとは限りません。

以前、幼稚園併設の市民センターを改築するため、地域住民を含めた関係者で、改築の方向性を話し合う検討委員会を開催したことがありました。幼稚園は定員割れが続いており、市では、幼稚園改築にあたっては、近隣保育園との統廃合により、認定こども園化することがすでに決まっていました。委員の意向としては、「防災拠点でもある市民センターを早期に改築すべき」が大多数。しかし、特徴的な市民センターの内部や外部のファサードの保存にこだわっていた1人の委員が、検討委員会の論点としていない認定子ども園化について「幼稚園と保育園はそもそも設立趣旨が異なるため、認定こども園化は、子どものためにならない」という主張をしました。他の委員も反論できず、検討委員会は中断となりました。

このように、会議の審議事項や論点を明確にして議論を始めたとしても、自分の主張を通そうとして、別の論点を声高に主張する委員はいるものです。こうした「想定外」の状況で、想定していたスケジュールをごり押しすれば、少数意見の主張者の顔をつぶすことにつながり、長期的に見て得策ではありません。「急がば回れ」のことわざに従うことも、選択肢の1つです。

水面下の調整もときには必要

当該幼稚園・市民センターは、歴史性のある建物で、市民以外の人を構成員とする建築物保存活動団体からも全面改築に反対する要望活動があり、検討委員会には、毎回数名の人が傍聴に来ていました。

私たち事務局としては、コンクリートの劣化が激しく、鉄筋の腐食も進む幼稚園・市民センターは、施設維持の効率化の視点からも、全面改築が望ましいと考えていました。そこで、検討委員会中断の間、歴史性のあるタイルなどの現存部材を一部使用し、旧施設の趣が感じられる、全面改築案を事務局案として作成しました。

しかし、こうした事務局案について、検討委員会を再開して議論を行ったとしても、すべての委員の合意が得られるかどうか、建築物保存活動団体の反対が抑えられるかどうかなど、想定できないことばかりでした。

そこで、検討委員会開催の前に、すべての委員に対して、1人ひとり個別の説明（説得）を行ったのです。その結果、事務局案に対して、すべての委員の了解を得ましたが、地域の自治会の人たちにも説明をし、賛同を得てほしいという委員の意見も出されたことから、検討委員と同様、個別に説明をし、理解を得てまわりました。

こうした取組みの後、検討委員会を開催し、全委員の合意を得て、検討委員会最終報告をまとめることができました。最後の検討委員会では事務局のお礼を兼ねた挨拶に対して、委員から「これから地域のために頑張ってほしい」という暖かな拍手ももらい、よい雰囲気で終了できました。なお、2週間前に市のホームページで検討委員会開催の周知をしましたが、傍聴者は誰もいませんでした。また、地域の関係者が改築に賛成したことから、建築物保存活動団体からの反対運動も完全になくなりました。

このように、**会議には、いったん立ち止まること、水面下で戦略的に調整することも、ときには大切**なのです。

会議を回す仕切り術

- ✓ **会議開催にあたっては、最終的な着地点までをイメージしておく。**
- ✓ **会議が紛糾した場合は、いったん立ち止まり、作戦を再構築する。**

03

参加者に自分が主役になったと思わせる

会議が上手くいくかどうかは、司会の仕切り次第

会議は、司会（委員長・座長）がしっかりと仕切ることで、不規則発言なども減り、委員も充実感を得ながら審議を行うことができます。

ある審議会で、座長である学識経験者が、委員や事務局の発言に対して、「はいどうぞ」「それでは事務局お願いします」という発言だけで進行したことがあります。委員対事務局のような構造になり、会議は険悪な雰囲気のまま終了しました。

一方、「〇〇委員どうぞ」「大事なご指摘をありがとうございます。ご指摘の××は、△△との関連もあり、今後の評価の参考にしてまいります。事務局で何か追加の発言がありますか」など、必ず委員の名前を呼んで発言を促し、委員の発言に一言コメントを加えて議事を進める座長もいました。

審議会終了までには、委員全員の発言も促し、毎回、よい雰囲気で有意義な議論が

できました。事務局では座長の名前である□□を取って「今日も□□先生マジックで審議会が終わったね」と安堵したものです。

ポイントは、**①発言者を指名するときは、必ず「○○委員どうぞ」など名前を呼ぶ**（そのため、司会から見た座席表が重要な役割を持ちます）、**②委員の発言には一言コメントを添える**（コメントが難しい場合は、「貴重なご意見をありがとうございました」を常套句として使用します）、**③司会は場を和ませるよう、柔らかな表情や笑顔を心がけ、たまには笑いを誘うようなコメントをする**、という3点です。司会者のリーダーシップが、会議の成否を握っていることを強く意識しましょう。

議論の展開を見据えて、発言の順番を工夫する

老朽化した体育施設を建て替えることになったときのことです。

敷地の有効活用を図るため、空地部分に新たな施設を建設する計画を策定しました。しかし、計画では、空地に含まれる、50年ほど前に整備した緑地部分を減らす予定になっていたため、反対派の住民・議員などが計画の見直しを主張し、施設整備が一時中断しました。そこで、施設整備の基本的な考えを整理するため、関係団体や近

隣自治会委員をメンバーとする再整備検討委員会を開催することになりました。

第1回の検討委員会は、市の施設整備案に対する意見交換です。私たち事務局の目標は、反対派以外の委員に市案を理解してもらうこと。そこで、発言の順番を意図的に、①市案に賛成の委員、②市案に反対の委員、③消極的賛成（市案にどちらかというと賛成）の委員、④市案に賛成の委員としました。

賛成委員の冒頭の発言は当然、早く施設整備するメリットに関する意見陳述です。次いで、反対委員が、細かな反対理由の意見を詳細に述べます。反対委員の意見を聞き終えて、ようやく発言機会を得た消極的賛成の委員からは、「早く施設整備するべきだ。自分たちのことだけを考えるのではなく、もっと地域全体を考えることが大事だ」などの意見が多く出されました。

戦略的に会議の雰囲気をつくる

その結果、どうなったでしょうか。第1回委員会終了後には、大多数の委員が市案に理解を示すようになってくれました。加えて、反対派の市民もこれを機に、市案に歩み寄るようになってくれました。

この結果は、偶然の産物ではありません。消極的賛成の委員に、反対派委員の後に発言してもらったことで、反対派委員の反対理由の持つ弱点を突いてもらうことができたからです。そして、発言順の設定だけでなく、司会は反対派委員の意見陳述をあえてさえぎりませんでした。それにより、消極的賛成の委員は、自分の発言機会を待たされたことも相俟って、「どちらかというと賛成」ではなく、明確に「賛成」の立場になってくれたのです。

人は感情の生き物といわれます。会議の場でも、全体の雰囲気がその後の審議を左右します。だからこそ、**発言順や席次を含め、戦略的な会議運営が大切**なのです。

会議を回す仕切り術

- ✓ **会議メンバー全員の発言を促し、必ず名前を添えて指名する。**
- ✓ **会議全体の雰囲気をつくるため、発言の順番にも戦略を持つ。**

04

振り返り、議事整理しながら会議を進行する

委員の意見を引き出し、整理し、まとめる

司会は討議にあたって、**①議題に沿って討議を進める、②委員の発言の真意を汲み取る、③全員が発言できるように配慮する**、の3つに留意することが重要です。

そのためには、委員から出された意見を簡単にメモしておき、手元で整理しながら議事を進めることが大切です。次の議題に進むときには、必ず、「○○委員からは、△△のご指摘をいただきました」など、発言した委員の名前と発言主旨を引用し、討議の経過を要約することで、委員の参画意識、納得感が高まります。また、発言にうなずいたり、発言者のほうに体を向けたりするなどの配慮も大切です。さらに、「○○委員からは、△△のご意見をいただきましたが、ほかの切り口で何かありませんか？」など、他の論点について発言を促すのも有効です。

なかなか意見が出ないときは、「○○委員、何かご意見はありますか？」などと発

言を促しましょう。参加者は、必ず意見を持っているものです。

意見が出されたら、次は議論の全体像を整理して、論点をまとめていきます。具体的には、当初設定した議論の到達点と、現段階の状況を比べて、目標とした結論が出たのか、または、参加者の認識がめざすべき状況になったのかどうかを確認します。目標とする結論までに至らない場合は、「○○委員から△△のご意見をいただきましたが、□□についてご意見をお願いしたいと思いますがいかがでしょう」などと追加の意見を求めます。いろいろなことを話し合っていると、本来決めるべきことがもれてしまう場合があるので、議論の途中での議事整理が重要になります。

最後に必ず議論を振り返る

「みんなわかっているだろう」と思い、結論を確認しないまま会議を終了してしまうことがあります。会議は、次の取組みにつなげることがその目的の1つです。さまざまな議論をどのようにまとめ、いかに結論づけるかにより、会議の成果や参加者の満足度が左右されます。

そこで、会議の終わりには、必ず決まった内容を振り返りましょう。「今日の議論の結果は、○○となります。このまとめで皆さん、よろしいですか?」などの言葉で、会議で決まった事柄をしっかり確認することが大切です。

しかし、ときには、当初設定した目標に至らない場合もあります。こうした場合、無理やり結論を出してしまったり、「本日は議論がまとまりませんでしたので、次回再度議論することとします」として終わってしまうことがあります。しかし、合意に達していないのに、無理やり結論づけると、次の段階で議論が再燃することがあり、混乱の元です。また、次回に先送りすると、議論を最初からやり直すことになりかねません。そこで、こうした場合でも、これまでの中で何が決まったのか、どのような段階まで合意することができたのか、さらには、残された課題は何か、といった事柄を明確にしておくことが大事です。

会議を回す仕切り術

- ✓ **参加者が意見を言いやすい環境をつくり発言を促す。**
- ✓ **何がどこまで決まったのか、結論を確認することを忘れずに。**

05

議論を束ね、次のステップにつなげる

残された課題をそのままにしない

結論づけに向けては、それまでに議論した論点について意見を整理し、まずは合意した内容を確認します。このためには、司会者が、しっかりと議論を把握しておかなければなりません。その上で、改めて会議の目的が何であったかを確認します。そして、会議の結論を司会者の言葉で委員に示し、参加者の考えと合っているかどうかを、全員で確認することが大事です。

その上で、**結論に至らなかった論点や課題として取り残した点を整理し、その取扱いについても、会議の場で合意を得ておく**ことが、次のステップに進むためにも必要なことです。

積み重ねた議論を大切にする

STEP5「02 冒頭で趣旨と全体像を明確に示す」で詳解した、幼稚園併設市民センターの改築検討の事例では、約1年間で8回の検討委員会を開催しましたが、「具体的な整備手法」の合意が得られず、検討委員会が行き詰りました。結局一番大事なことが決まらなかったため、中断することとなりました。

それまで、1年間に8回の会議を開催し、施設整備にあたっての基本理念や施設全体の整備方針、必要となる諸施設の考え方を議論してきました。加えて、他の類似施設見学会なども実施し、委員会では、多様な視点から論点整理を行ってきたのです。委員の中には、「これ以上議論しても結論に至らないので、中断ではなく、一度委員会を終了すべきである。その後、事務局でさまざまな整備手法を検討し、整備手法ごとのメリット、デメリットについて次期の検討委員会が検討すべきである」と主張する人もいました。

しかし、事務局としては、これまでの議論を無駄にしたくなかったため、検討委員会で合意できた内容については、報告書にまとめることにしました。「整備手法については、意匠を取り入れた全面改築の手法か、現存建物を残してその他施設を増設する保存改修手法かなど、具体的な整備手法について合意できなかったこと」「引き続き、合意に至らなかった具体的な整備手法の検討を進めること」を盛り込んだ、検討委員会報告書をまとめたのです。通常は、こうした報告書をもって、いったん、検討委員会を「終了」し解散するものです。しかし、再度、新たに検討委員会を開始するとなると、開催までに委員募集の手続きなどの時間がかかることや、審議の継続性が担保しにくいことから、終了ではなく、委員会を「継続」扱いにしました。

この事例のように、再開時期は未定でも、次につなげるために、検討委員会を一時休止することも戦略の1つです。0か100の対応ではなく、その中間を模索し、積み重ねた議論を大切にすることが、貴重な税金をムダにしないことにつながる場合もあるのです。

会議を回す仕切り術

- ✓ どのような場合でも、積み重ねてきた議論を大切にする。
- ✓ 委員会等では「終了」ではなく「継続」扱いにする方法もある。

06

アサーションテクニックを身につける

アサーションテクニックとは

「アサーション」という言葉を聞いたことはありますか？

アサーションとは、自分のことも、相手のことも大切にする自己表現方法で、1950年代半ばに北米において生まれました。もともとは、人間関係が苦手な人や、自分から積極的に人と関われない人など、コミュニケーションが苦手な人を対象としたカウンセリングの方法・訓練手法として開発されたものです。

具体的には、相手より自分の主張を優先する（攻撃的）のでもなく、自分の主張を押し殺し、相手に合わせる（非主張的）のでもなく、**自分の主張を素直に伝えた上で、相手の反応、主張も尊重して適切に対応する**（アサーティブ）ことをいいます。

思い通りに会議が進行せず、出席委員の意見が合わないときは、お互いに発言意図を説明して相互に理解し、新たな歩み寄りの提案をして合意点を見つける話し合いが必要となります。こうした場合に、お互いが気持ちよく意見を出し合いながら、会議を進めるテクニック（スキル）が、アサーションの考え方です。

アサーションが想定する2つの場面

アサーションでは、食事やおしゃべりなどといった、①人間関係を維持する場面と、②課題達成の場面の2つの場面を想定したものがあります。

会議の場は、後者の場面に該当します。この場合は、状況をしっかり分析して、問題を的確に捉え、客観的な解決策を見出す方法が有効になります。

具体的な事例を想定してみましょう。自分ならどうするか、考えてみてください。

- 保育所待機児童対策のために、私立保育所の開設を進めていたものの、近隣住民からの反対が強く、施設整備が中断してしまうことに。
- 現状打開策の検討のため、関連する部署の課長を集め、保育課長のあなたが会議を開催し、司会進行役を担うことになった。

・会議ではいろいろな意見が出たものの、まとまりのない意見が多く、1時間が経過し、司会の自分は困ってしまった。

会議が紛糾している状況で、司会であるあなたが、「自分の感情や意思が入った発言」をするとします。しかし、参加者の中には、あなたの意見に賛同してくれる人もいれば、そうでない人もいます。そこで、参加者全員があなたの意見に耳を傾けてくれるテクニックが有効になってきます。

会議などの課題達成のためのアサーションでは、**「客観的な描写や事実」「明確な方法や指示」を参加者間で共有する**ことが有効とされています。これを踏まえ、まずは客観的な事実を述べましょう。その後に「今後の取組みの方法や指示」を示すことで、参加者全員が違和感なくあなたの発言を受け入れてくれるはずです。

あくまで参考例ですが、この考え方に従い、私であれば、次のように話します。

「ただ今、○時△分です。会議開催が×時からでしたから、すでに、1時間が経過しました」。発言は客観的な事実であり、会議で発言している特定の人の側に立った発言でもありません。そのため、参加者は「そうだね」と全員が納得します。

そして、あなたの発言にすべての人を納得させ、引きつけた上で、「示唆に富む意見をたくさんいただきましたので、持ち帰り事務局案を作成させていただきます。次回は○日頃、会議を開催させていただきたいと思います」と発言し、「明確な方法や指示」を示すのです。

また、議論の妥協点を提案する場合は、「あるべき答えの提案」にこだわり常に正しくあろうとすると、参加者からの反発が残ります。合意することと100パーセントの合意とを混同せず、「ベターと考えられる合意」を提案することが大事です。

経験則的にこのような会議スキルを身につけている人もいると思いますが、今後、部下を指導する際にも、自分のスキルを裏打ちする理論も学んでおくことが役立つでしょう。

会議を回す仕切り術

- ☑ ストレスを抱えずに自分の意見を相手に伝えるテクニックを身につける。
- ☑ これまで経験値として実践してきたスキルに根拠を持たせる。

［よくある質問⑤］

仕事の進め方に戦略を持つ方法

Question

仕事上の戦略を構築するヒントを教えてください。

Advice

どのような施策にどのように取り組んでいくかは、課長によって千差万別であり、課長の仕事の醍醐味。そこで、仕事上の戦略を構築する際は、次の視点を大切にしてください。

1つ目は、時間軸を意識することです。係員の頃は、仕事の区切りがはっきりしており、いつまでに何を行うのかが明確でした。しかし、課長の仕事では、複数年度の長期的な仕事もあれば、極端な場合には、あと1時間のうちに取り組まなければ意味をなさない仕事もあります。戦略の構築にあたっては、最大の効果を得る「時」を常に意識しましょう。

2つ目は、キーパーソンは誰かを意識することです。物事を進めるにあたっては、必ず相手がいます。誰に理解を得ておくのが重要なのか、複数のキーパーソンがいる場合は、順番を想定することも忘れずに。

3つ目は、「腹芸」を身につけることです。課長の仕事を見ていると、あまりにも「正直」過ぎると感じることがあります。「真摯」な態度で仕事に向き合う事は重要ですが、ときとして、「嘘ではないが本当でもない」といった対応ができることも戦略として大切です。

最後に、自治体間のネットワークを持つことです。民間と異なり、私たち自治体職員間には仕事の進め方などについて互いに交流し、教え合う文化があります。このようなネットワークにより、戦略のヒントを得ていきましょう。

STEP

6

議会対応を身につける

01

議会の状況、作法を理解する

議会の作法を覚える

民間でも管理職離れが進み、「出世したくない症候群」と呼ばれる人が増える中、公務員でも「課長になりたくない」という職員は少なくありません。傍から見ても優秀なのに、「どうして？」と聞いてみると、多くが理由に挙げるのが、職員の人事管理と議会対応です。

特に議会対応は、その実態がわからないゆえに、なんとなく「議会アレルギー」を持っている人がいます。しかし、ポイントさえつかむことができれば、不安や負担に感じることはありません。

はじめにやるべきことは、自分の自治体の議会運営の状況を改めて確認すること。議会は、年間4回の定例会と決算、予算委員会が基本です。近年では、通年議会として、年4回以外にも、毎月委員会を開催する自治体もあります。また、本会議や決算・予算委員会前には、すべての議員と理事者が集まる「全員協議会」を開催するところもあります。さらに、決算、予算委員会の進め方なども自治体によりまちまちです。課長になったら、こうした**議会運営の状況、特に自分が出席する委員会とそこでの役割を確認しましょう。**

会派構成を押さえる

議員は、所属する政党単位や、政策や考え方の一致する者同士が集まり、「会派」を構成して活動しています。一般的に、首長の政治姿勢を支持している会派を与党会派、それ以外を野党会派と呼びます。与党会派は、国政では、政権を担当している政党または政権を支持している政党ということになりますが、自治体の場合、首長は無所属のスタンスをとる人が多く、また論点や施策がより住民に身近なものになるため、政党などで完全に与党、野党と分けるのは難しいところです。

条例や予算だけでなく、さまざまな施策を実施するためには、議会の議決や理解を得ることが不可欠です。そのため、各議員の基本的な政治姿勢を押さえつつ、課題や施策ごとに個別に対応していくことが基本になります。

このように解説すると、とても難しい対応を想定しがちです。私も課長になりたての頃は、議員や会派に説明に行くと何か批判されるのではないか、または、いろいろな要求を出されるのではないかなどと想像してしまい、なんとなく「怖い」イメージが先行し、説明に行くことがとても苦手で、部長と一緒に行っていました。しかし、議員も仕事として役割を果たしているのであり、苦手意識を持たずに、真摯な態度で丁寧に対応することを基本とすれば問題ありません。

議員への敬意を忘れない

議員には、会派を構成せずに1人で活動している人もいます。また、同じ会派に所属していても、必ずしも同じ考え方で活動しているとは限りません。こうしたことから、議会の対応は、会派対応を原則としつつも、やはり、1人ひとりへの対応が基本となります。

議員は選挙で選ばれた住民の代表であり、敬意を表すべき存在です。気心が知れた関係で、普段は普通に話をする間柄であっても、委員会では人が変わったかのように厳しい質問をする議員もいます。しかし、これも自らの責務を果たそうとする議員としての姿ですから、会派に説明するときと同様、**感情的にならず、真摯な態度で、なおかつ、堂々と受け止めて答弁することが重要**です。

私はこれまで、管理職として経験を積み重ねる中で、議員との関係をつくってきました。今では、なんとなく「怖い」イメージはまったくなくなり、自然体で議員と話をすることができるようになりました。あなたも漠然とした苦手意識を持たず、進んで自分から挨拶を交わし、STEP4「05 会話を続けるテクニックを身につける」で解説した短い会話の機会を持つことなどで、円滑な人間関係を築くよう取り組んでいきましょう。

議会対応のノウハウ

- ✓ **まずは議会の状況、会派構成を押さえることから。**
- ✓ **議員1人ひとりに真摯な対応を心がけよう。**

02

誰よりも自分の仕事に精通する

議員との立ち位置の違いを理解する

議員も私たち自治体職員も住民福祉の向上を目指していることは同じです。しかし、議員と職員は、根本的に「異なる」視点で活動していることを理解しておきましょう。

当然ながら、議員は選挙で選出されます。選挙では、「〇〇を実現してまいります」という将来に向けたあるべき姿を選挙の公約として掲げ、それを支持した人々により議員としての地位を獲得します。極論すれば、住民に「将来の夢」を掲げて支持を得るわけです。当然、議員はその公約の実現に向かって全力を投入します。

たとえば、自らの選挙公約で、「特別養護老人ホームの増設」を掲げた議員であれば、議会ごとにその実現を求めるでしょう。たとえ、「特別養護老人ホームの増設」が任期中に実現できる見込みがなかったとしても、実現可能性はさておき、指摘し続けることが議員の使命なのです。

一方、私たち自治体職員はさまざまな部署との調整を行い、「現実」と向かい、「今」の職務を確実に実施することが使命です。とりわけ課長の立場としては、自分の担当実務に精通することが求められます。

こうした違いをしっかりと理解しておかなければ、議会対応は上手くできません。私たち職員も感情の動物ですから、実現の見込みのない施策について、毎回強い口調で、非難めいた質問を議員から出されると、ときには感情的に反論したくなるものです。だからこそ、**「そもそも議員と職員は、必ずしも同じ視点で住民福祉の向上をめざしているわけではない」という認識を持つ**ことが、冷静な対応には不可欠なのです。

手持ち資料を作成する

委員会での質問によどみなく答弁する課長がいました。彼が作る委員会に持ち込む資料を見せてもらったことがあります。

委員会の報告事項では、想定質問と想定答弁を丁寧に作成していました。また、STEP1「02 担当職務の概要・経緯・現状をつかむ」で解説した方法で、過去の委員会、決算、予算委員会で出された質問や日頃の議員とのやり取りの中から、自分なりの想定質問・想定答弁を作成していました。加えて、総合計画などとの整合性を図りながら、施策ごとに、その将来像についてもしっかり把握し、ファイルに綴じて付箋を付けて手持ち資料としていたのです。

想定質問と想定答弁を作成していても、必ずしも完全に同じ質問が出されるとは限りません。しかし、事前に作成しておくと、その中のキーワードをつなぎ合わせることで、質問に合わせてしっかりした答弁ができるものです。

はじめのうちは、答弁らしく文章にしたものを手持ち資料とすることをおすすめしますが、慣れてくれば、そこまで完璧なものを準備しなくとも的確な答弁をすることができるようになると思います。こうした事前準備で、不安なく議会（委員会）に臨んでいきましょう。

監査資料を活用する

自治体の監査には、いくつかの役割がありますが、主なものは、財務監査、行政監査が挙げられると思います。財務監査では、施策ごとに実績や予算の執行率などを調べて報告します。また、行政監査では、実績や予算の執行率に加えて、今後の方向性などについても質問がなされるのが一般的です。これらの監査事務局に提出するまとまった資料は、議会出席時の手持ち資料として有効に活用することができます。

「議会対応のための手持ち資料の作成」といっても、日常業務の中で活用できるものはたくさんあるものです。**議会対応は、いわば、日常業務の集大成**なのです。

議会対応のノウハウ

- ✓ **議員と自分たち職員の立ち位置の違いを押さえる。**
- ✓ **事前の想定質問・想定答弁の作成で、不安なく議会（委員会）に臨む。**

03

答弁は常に首長の視点で書く

必ず原典を確認する

「サルでもわかる答弁を書け」

課長時代、答弁作成について、部長から指導されたときの一言です。議会での代表質問に対する首長答弁は、簡潔・明瞭が基本。**誰が聞いても同じ内容だと理解できる、誤解を与えないものにする**こと。これがまず何より大切です。

簡潔・明瞭に加えて、正確であることも重要です。

インターネットで簡単に情報が入手できるようになり、議員からの質問も他自治体との比較や具体的なデータを示す質問が増えてきました。たとえば、「〇〇自治体では△△の取組みが充実しているので、本市でも導入すべきである」とか、「指定管理者制度が導入された〇〇施設では職員の離職率が△△%となっており、円滑な事業実施に支障をきたしている」といった具合です。

また、議員が積極的な答弁を引き出そうと、法律条文上は「できる規定」であるところを「義務付け規定」として質問することもよくあります。つまり、本来は、「〇〇することができる」とする条文にもかかわらず、まるで「〇〇しなければならない」と規定しているような前提に立って質問するようなケースです。

こうした質問への答弁案を作成する際は、担当の課長もインターネットで事実確認をして答弁を作成することも珍しくありません。しかし、インターネットの情報は、必ずしも正確なものとは限りません。首長答弁は、自治体の考え方を示すものですから、必ず正確な情報に基づくものでなければなりません。答弁案の作成では、質問者が引用している答申、データ、法律の条文などは、必ず原典にあたって確認しましょう。

責任ある答弁を書く

答弁作成では、答弁漏れにならないよう、議員の質問に漏れなく答える必要があります。このとき、単純に質問部分だけを捉えるのではなく、質問の前後の関係から、質問の主旨をよく理解した上で答弁を作成することが大事です。

また、自治体施策は、総合計画などに規定されているものです。そのため、答弁作成では、**すでに策定されている各種計画で使用されている文章を上手に引用する**ことが基本です。

私は課長になりたての頃、答弁作成の要領がわからず、自分の思いだけで答弁案を作成していました。部長のチェックでは、必ず「この言い回しはどこに書いてあったものか」と質問されたものです。なお、自分の自治体の計画だけではなく、国や県の答申など、すでに確立された考え方なども上手に引用するとよいでしょう。また、新たな方向性を示す場合には、過去の答弁との整合性を確認することが必要です。

答弁のレベルを調整する

責任ある首長答弁とするには、どのレベルまで現時点で回答できるのかについて、しっかりと想定することが重要です。将来的に実施を想定すべき施策であっても、現時点では実施が難しいものもあります。だからといって、「実施しません」というだけの答弁であれば、課長でなくとも作成することができるでしょう。このような微妙なニュアンスを表現できることが課長の役割の１つです。

さらには、最終的な答弁が、首長の視点になっているかをしっかり意識します。その上で、質問内容や議員の政治的なスタンスに応じて、答弁のレベルに若干の調整を行う必要もあります。

たとえば、○○の施策の実現を求めてきた場合、**「実施する」から「実施しない」までの言い回しにも工夫が必要**です。

実施の実現可能性が高い順に並べれば、次の①〜⑥の順番となります。

①「ご指摘の○○については、実施に向けて調整してまいります」
②「○○については、実施に向けて検討してまいります」
③「○○については、今後の検討課題としてまいります」
④「○○については、今後、研究してまいります」
⑤「○○について、現時点で実施する考えはございません」
⑥「○○について、実施する考えはございません」

否定で終わらない工夫をする

会派によっては、同じ内容を何度も繰り返し質問してくる場合があり、「○○について実施する考えはございません」ときっぱり答弁することもあります。しかし、首長が本会議で答弁を読み上げることになるため、否定ばかりで終わる物言いは避けたいものです。

たとえば、これまで「○○の施策を実施」していたところ、議員から「△△を新たに行うべき」と質問があった場合、「△△を実施する考えはございません」と答えても、「△△の実施についてのご質問ですが、引き続き○○を実施してまいります」と答えても内容は同じです。こうした工夫も経験を積みながら身につけていきましょう。

議会対応のノウハウ

- ☑ 質問された内容は、必ず原本を確認する。
- ☑ どの程度まで回答できるかを考え、責任ある答弁を作成する。

04 委員会では、議員の心理を理解しておく

答弁の作法を覚える

委員会では、委員（議員）も理事者も、委員長の指名（許可）を得てから発言します。課長であるあなたが答弁する場合は、挙手をし、「委員長」と発言をした後、誰が発言をしたいのか委員長が直ちにわかるよう「○○課長」と発言します。ただし、繰り返しての答弁の場合等は「○○課長」は省略することも考えられます。

首長答弁と同じく、答弁は簡潔・明瞭が基本です。質問されたこと以外の内容を長々と答弁したり、議員の質問を先回りして答弁するのは、全体の進行を妨げることにもなりますので、避けなければなりません。

また、緊張して、無意識の所作・しぐさが出ないよう意識することも必要です。以前、昇任してはじめての委員会答弁で、仁王立ちで腰に手を当て、胸を張って答弁した課長がいました。さすがに「その姿勢は避けたほうがよい」とアドバイスしましした

が、本人はまったくそのような姿勢で答弁しているという認識はなかったとのこと。慣れるまでは、周囲の課長や部長に、答弁の内容はもちろん、話し方、立ち居振る舞いも含めて違和感があったら指摘してもらうようにするとよいでしょう。

答弁で詰まったとき

私が庁内で行っている新人課長の自主勉強会では、先輩課長が議員役となる模擬議会を開催し、議会答弁を学ぶ機会を設けています。これは、新人課長だけでなく、議員役の先輩課長にとっても勉強になるようです。

「議員の心理がよくわかりました。**なんとなく自信のない答弁をされると、さらに突っ込んで質問したくなるし、自信を持って答弁されると、納得してしまう**ものですね」とのこと。こうした議員心理の理解は、落ち着いて答弁をするために役立ちます。

新人課長が、議員から過去の細かな実績数値を聞かれたものの、資料を探しても見つからず、焦りと緊張からまともな答弁ができない様子をしばしば見かけます。しかし、議員も質問の導入として数値を聞いており、本当の質問は別にあることがほとんど。そのため、「概ね○○程度となっていると認識しております」など、大まかに答えておけば大抵は大丈夫です。数値の質問は、正確な数値がわからなくとも、概数でもとりあえず答弁し、それでも正確な数値を求められた場合に、後で調べて答弁する。これが基本です。数値の傾向や大まかな数値は日常業務の中で押さえておきましょう。

また、**答弁の際の沈黙は、20秒程度が限度**です。答弁が難しければ「手元に資料がありませんので、調べてから後ほど答弁させていただきます」と発言し、答弁を保留することも覚えておきましょう。焦らず、真摯に、堂々と答弁すればよいのです。

明確な答弁のための10か条

委員会は課長が議会側から評価される場でもあります。次のヒントを参考にして、議会からも評価されるような答弁を行っていきましょう。

① 明らかに的外れの答弁をしない（議員の質問をよく理解する）
② 言わんとすることが不明確な答弁をしない（担当事業を日頃からよく理解する）
③ 冗長な答弁をしない（答弁は短くてよいという認識を持つ）
④ 答弁がしっかり聞こえるように、語尾を明確にする

⑤「まあ」「えーと」等の言葉を使用しない
⑥答弁中に体をゆすらないなど、姿勢に注意する
⑦「○○委員の質問にお答えします」のような前置きをしての答弁は基本的に不要
⑧答弁が長くなると思った場合は先に結論を述べ、その後でその理由等を発言する
⑨まとめて多数の質問をされる場合等に備えて、委員会出席理事者間で事前にメモをとって協力する体制を決めておく
⑩一度に数多くの質問を受けたときは、「まず、○○についてお答えします」等の前置きをして答弁する

議会対応のノウハウ

☑ 焦らず、真摯に、堂々とした態度で答弁する。
☑ 手元の資料にないデータなどの質問は、概数などで答弁をする。

05

議員の立場を尊重した答弁をする

議員の職責

新人議員に渡される、全国町村議会議長会編『議員必携〈第十次改訂新版〉』(学陽書房)では、議員の職責について、次のように記されています。

「議員は、住民から選ばれ、その代表者として議会の構成員となるのであり、「選良」ということばで呼ばれるように、人格・識見ともにすぐれた代表者である。したがって、議員の一言一句は、とりもなおさず住民の意見であり、住民からの声であるというべきであり、議員が行う質問や質疑・討論は同時に、住民の疑問であり意見であり、表決において投ずる一票は、住民の立場に立っての真剣な一票でなければならない。」(11頁)

さて、課長になるまでは、議員の職責について、正確に認識することはあまりなかったと思います。しかし、これが議員の職責と正確に理解しておきましょう。

建設的な議論を通す

以前、保育課長だったときのことです。

保育所運営に株式会社が参入できることになった時代で、本市の保育所民間委託計画について、「営利を目的とした株式会社が保育を行うことになれば、利潤を優先して、給食の食材単価を下げてしまうのではないか」「保育士の賃金などの労働条件が厳しくなり、職員が定着せず、結果として保育の質が低下するのではないか」など、議員から執拗に非難されたことがありました。

私も感情的になり、「民間保育所の運営が公立保育所の運営に劣るという考え方を持つことは、そこで子どもたちのために保育をしている職員に失礼であり、あってはならないものと考えます」と答弁しました。さすがに横にいた部長が謝りの答弁をしようとしましたが、続きの答弁で「これは、私が保育課長としての職務遂行にあたる際の基本的な考え方です。委員のご意見とは異なりますが、ぜひ、こうした視点についてもご理解いただければ幸いです」と、自分の認識を答弁したことにしました。

私としては溜飲を下げましたが、それ以来、その議員に恨まれてしまう結果だけが残りました。

課長として職務に真剣に取り組んでいればいるほど、根拠のない非難めいた議員の質問に対して反感を持つことはよくあること。しかし、**感情的な対応の結果は生産的なものにはならない**ことを覚えておいてください。

議員は住民から選ばれた代表者であり、その発言を尊重しなければならないのは当然です。一方、私たち理事者も住民福祉の向上をめざして実務を担っているのであり、反論すべきところはしっかりと指摘することが必要です。しかし、これまで解説してきたとおり、感情的な反論は、何の役にも立ちません。

委員会での議論は、論理的な指摘を、真摯に丁寧に行うことが基本になります。これが、議員としての立場を尊重した委員会答弁のあるべき姿なのです。

議会対応のノウハウ

- ☑ **議員の職責を正確に理解する。**
- ☑ **感情的な対応ではなく、常に論理的に、冷静な対応を心がける。**

06

事前の調整を大切にする

議会の理解を丁寧に得ていく

条例や予算だけでなく、施策を実施するためには、議会の議決や理解を得ることが不可欠です。そこで、何らかの取組みを行う場合は、議会への事前説明を行うことが重要になります。つまり、議会の理解が得られるかどうかについて、事前に調整しておくのです。

与党会派が過半数を占める状況では、与党会派を中心に理解が得られるかどうか、説明することになります。しかし、与野党が拮抗している場合、定例会前の事前説明だけで付議案件等がすんなり理解されることは難しく、かなり丁寧な対応が求められます。複数回の定例会の日程を見据えた調整が必要になるでしょう。

また、議員にとって、掲げた公約がどの程度実現したのかは大きな関心事です。そこで、各会派からの予算要望、委員会や代表質問での要望事項などを常に把握し、自分の担当する職務との関連を整理しておくことも、調整を進める上で大切なことと覚えておきましょう。

事前説明は順番が大事

事前説明にあたっては、その順番と情報提供具合の調整が重要になります。議員同士は、さまざまなチャンネルで情報共有を行っているものです。とりあえず、登庁している議員から説明したとすると、いざ、順番に説明しようとしたときに「そのことなら、○○議員はすでに説明されたと言っていたけど」などとイヤミの1つも言われかねません。最悪な場合は、議員との良好な関係を崩すことにもつながってしまうので、十分に配慮しましょう。

事前説明では、議長、副議長、与党幹事長、野党幹事長の順番で説明します。また、内容によっては、この基本原則を踏まえながら、柔軟な対応も可能です。いずれにしても、部長と相談の上で対応することが基本となります。議員の視点と、私たちの視点は、必ずしも同じではありません。議会への事前説明を通して、住民の代表者である議員の視点を施策に反映していくことも、効果的な施策の構築には大切な取組みです。
こうした取組みで、よい感触を得てきた段階で、レクチャーペーパーで、再度、議長から順番に説明することが基本です。このとき、必ず議会事務局長（議会事務局）にも情報提供をしておきます。議会事務局長は、制度的には議長が任命しますが、実質的には首長部局職員の異動によるものです。議会の理解を得るにあたっては、議会事務局の協力も不可欠と心得ておきましょう。

議会対応のノウハウ

- ☑ 議会の理解を得るために、事前の説明を丁寧に行う。
- ☑ 説明の順番を理解し、議会事務局との情報共有を密にする。

07

議会と良好な関係を築く

議会との信頼関係がなければ、行政は動けない

自治体の施策は、総合計画や行財政計画などによって計画されています。しかし、計画期間内に修正を加えたほうがよい場合も出てきます。新たに国や県の政策が出され、それに伴う変更の場合は比較的理由が明確になります。しかし、それ以外の場合は、なかなかそのきっかけを明確に説明することが難しいものです。施策の変更となれば、議会に報告することとなるため、まずは、議会審議で理解を得ることが求められます。

ときには、議員から施策の修正に関する質問がなされたことをきっかけに、施策の変更について検討するケースもあります。大切なのは、議会に対して理解・賛同を求める場合も、議会から指摘を受けた場合も、信頼関係をもとに真摯に対応することです。

前述した保育所の民間委託を進めていたとき、議会を巻き込んだ、保護者住民の大反対運動が起き、1年ほど膠着状態が続きました。

すべての議員が1つの方向で合意できれば、円満な対応が可能です。しかし、仮に方向性が同じだとしても、各会派・各議員によって細かな点では考えが異なるため、調整は難航しました。こうした中、議長から、議会として「一度立ち止まって検討するべきである」という要望書を市長宛に出したいとの申し出がありました。その後、行財政計画の一部修正という形で議会報告を行い、保育所民間委託の実施を見送ることになりました。

これもまた、日頃からお互いの立場を尊重した上でコミュニケーションを図り、信頼関係を構築できていたからこそといえるでしょう。

前述の『議員必携』において、「町村行政は、議会と執行機関の両者の協同で進められるのであって、議決は、執行のための手続きや過程である。」(334頁)とあるように、議会の権限と役割を尊重しながら、円滑な自治体運営に向けて、執行機関と議会とが相互に協同することも必要なのです。

正確な理解を心がけよう

この章では、議員や議会に課長としてどのように対応するかについて解説してきました。課長としては、議員や議会の権限や役割をしっかりと認識することが改めて重要だということが理解できたのではないでしょうか。

「なんとなく知っている」ことは、「知らない」ことと同じです。議員や議会だけではなく、何事も、正確な理解が的確な対応につながるものです。

ここで指摘したことをしっかりと理解し、さらには、引用した『議員必携』などを参考にして、議員や議会対応を身につけていきましょう。

議会対応のノウハウ

- ✓ **議員や議会の権限と役割を正しく認識する。**
- ✓ **議会と連携して、円滑な自治体運営をめざそう。**

［よくある質問⑥］

議員との私的な付き合い方

Question

議員からの飲み会の誘いには、どう対応したらいいですか？

Advice

私も課長昇任研修で、講師に同じような質問をしたことがあります。講師からは「普通に対応すればよいです」とアドバイスをもらいました。しかし、当時は、その「普通」加減がよくわかりませんでした。心配するほど議員から飲み会に誘われることは多くないと思いますが、基本的な対応を押さえておきましょう。

個人的な付き合いではなく、第三者からみて、どのような飲み会なのかが明確にわかることが基本です。たとえば、○○委員会の打上げで委員長から慰労の飲み会に誘われた場合。この場合は、特定の議員や会派との付き合いではなく、飲み会の目的も明白なので、ある意味で安心できます。

一方、特定の議員から誘われた場合は、「駄目」と言うわけではありませんが、なるべく１人で参加するのは避けたほうが賢明です。他の課長を誘う、部長に声をかけるなど、誰かと一緒に出席することをお勧めします。

どこの自治体でも、「職員倫理規程」などを定め、利害関係者との会食を禁止していると思います。しかし、議員は「利害関係者」ではないので、倫理規定上では、議員との会食が問題になるわけではありません。しかし、「課長」としての仕事を進める上では、一定の「配慮」をするほうが無難です。また、議員だけでなく、住民との付き合い方についても、上記の対応を基本とするとよいでしょう。

STEP 7

組織内外で調整・交渉する

01 首長・部長には、自ら積極的に説明に出向く

課長になっても「報・連・相」

これまで解説してきたとおり、課長になると、仕事を進める上での裁量が広がります。職員から報告、連絡、相談を受けながら、自らの判断で仕事を進めることになります。しかし、ここに落とし穴があります。

私は保育課長時代、目の前の仕事をこなし、職員との関係をつくることに精一杯で、部長や首長に相談することがあまりありませんでした。幸い、大きなトラブルもなく、与えられた課題もそれなりにこなしていたものの、あるとき、首長との面談の際にお叱りを受けたことがあります。

「自信を持って仕事を進めているようだが、適時報告するようにしてください。あくまで最終的な判断は私が行うものです」と。

課長として忙しく仕事をしていると、部長や首長への「報・連・相」がおろそかに

なりがちですが、課長の仕事を円滑に進めるためにも、気をつけていきましょう。

報告頻度を高める

部長職となって課長指導を行う立場になり、前述した首長の気持ちが少し理解できるようになりました。部長になると、実務の執行や施策の実施に直接は関わらなくなります。しかし、部長として、部の仕事の全体像を常に把握していなければなりません。首長は、部長に部の施策の進行管理を任せているので、何の報告もなければ、円滑に施策が実施できているものと考えます。

課長になっても、部長には、適時、報告すること。そして、部長への報告・連絡・相談の頻度が高いほど、部長の判断の精度も高まります。その上で、首長に報告するかどうかは、部長の判断に従えばよいでしょう。部長や首長と、仕事の方向性のすり合わせと早めの確認を行うことが無駄な仕事を排除することにもつながっていくのです。

なお、施策の実施や変更などを部長や首長に報告する場合は、背景や論点などとともに、取組みの全体像がわかる資料が必要となります。

こうした「レクチャー」だけでなく、部長には、小さな課題でも、「口頭」で報告することをおすすめします。課長になると、「部長に報告するのだからしっかりとしたペーパーを用意しなければ」といったイメージを抱きがちになります。こうなると、何らかの大きな課題だけを報告することになってしまいます。

しかし、**部長の立場からすると、日頃の情報提供レベルの報告も、部内の進行管理をするために、とてもありがたいもの**です。部長に対して身構えることなく、こまめに情報を伝えていきましょう。またこのことは、課長自身がいつも課題について考えていることにもなり、あなたの意思決定を早くすることにもつながるのです。

相手を動かすポイント

- ☑ **部長に対して、小さな課題でも適時報告を習慣づける。**
- ☑ **首長に情報提供するかどうかは、部長と相談して決定する。**

02

できる課長は「足」で稼ぐ

自治体内部の横の連携を強化する

課長になると、自分の部署だけでなく、関連する部署との調整事が多くなります。その調整の成否を分けるのが、課長同士、あるいは他の部の部長と連携できているかどうかです。この、いわば管理職同士のヨコのつながりを深めるには、自分が開催する会議などにおいて、会議資料を直接相手に届けることもおすすめです。

このことを伝えた、昇任したばかりの課長から、「アドバイスどおり会議資料を届けて回ったら、係員から、『無駄なことをやってないで、席にいてください』と言われてしまいましたよ」と報告を受けたことがあります。

係員の立場では、「いまどき直接資料を届けて回らなくとも、メールや交換文書で送付すれば事が足りる」と思うかもしれません。確かに、会議開催のお知らせなどはメールで十分です。しかし、さまざまな調整役を担う課長であれば、直接届けて回って、他の課長との連携を強化し、事前に調整する姿勢を持つほうが、その後の仕事が円滑に進むものです。また、直接話をすることで、周辺のさまざまな情報を共有することができるといった副次的なメリットもあります。こうした総合的な情報を得ておくことが、的確な対応につながるものなのです。ケースバイケースで対応していきましょう。

出先職場を抱えたら

本庁職場に勤務しながら、出先の職場を持つ場合があります。

保育課長時代、子どもの事故や保護者トラブルのときは、直接現場に出向いて、園長に状況を確認していました。「日常の仕事もしながら、いちいち出先に出向いていては、いくら時間が合っても足りないのではないか」と思われるかもしれません。しかし、**課長が直接出向くことで、出先職場の職員の意識が前向きになり、トラブル事例が大きく減少する**ことにもなります。さらに、直接現場の様子を知ることで、議員などからの問合せに対して具体的に回答することができるため、相手の納得が得やすくなるのです。このような対応を継続すると、逆に、出先職員からも情報を伝えてくれるようになり、結果的に、現場に行く頻度は当初に比べて減っていくものです。

住民との調整は直接出向いて

課長になると、住民と調整する必要も出てきます。調整といってもいろいろなレベルがあるので、一概には言えませんが、基本的には、こちらから出向いて直接話をすることになると思います。電話や市民の声で寄せられる苦情の中には、強い非難調のものが少なくありません。しかし、直接出向いて対応すると、電話やメールなどのときとは異なって、冷静に対応してくれる市民もいるものです。丁寧な対応が次につながっていくのです。

相手を動かすポイント

- ☑ 直接話をする機会を持つことでさまざまな調整をする。
- ☑ 直接相手と会うことで、さまざまな情報を入手する。

03

必ず明確な判断基準を持って考える

原則に立ち返る

さまざまな場面で「判断」が求められる中で、最も大切なことは何か。その1つが、「説得力のある判断基準を自分の中に持っていること」です。

京セラグループでは、創業者・稲盛和夫氏の人生哲学ともいえる「京セラフィロソフィ」に基づき、「人間として正しいことは何なのか」を基準として、判断を行ってきたそうです。「人間として何が正しいか」という判断基準とは、「欲張るな」「騙してはいけない」「嘘を言うな」「正直であれ」など、人間が本来持つ最も基本的な倫理観や道徳観です。これに基づき、さまざまな判断をしていかなければならないといいます。

翻って、自治体職員が本来持つ基本的な倫理観や道徳観に当たるもの、いわば原則は、「住民福祉の向上」をめざすことです。言い換えれば、「住民全体の利益」の視点であり、**「住民全体の利益になるかどうか」が判断基準**といえるでしょう。

前述した幼稚園併設の市民センター改築の事例では、「建築物保存」を訴える団体が精力的に活動していました。しかし、当該施設は、将来にわたり、地域の子どもが育つ場所であり、同時に、避難所や生涯学習のための施設です。「住民全体の利益」の視点から判断すれば、やはり新しい施設を整備することが望ましいのは明白であり、その基準により、今後の対応を考えることが、説得力のある判断といえるのです。

現実的な対応を考える

STEP3「04「現場」「現状」「現実」を意識する」でも述べたとおり、原則に立ち返って判断をし、その上で現実的な対応をすることが重要です。あるべき姿を押し通し、「0か100か」の判断をすることは、比較的「楽」な判断です。しかし、**柔軟性に欠ける取組みは、前に進みにくい**側面を持っています。自治体運営の停滞は、避けていかなければなりません。そこで、前出の改築問題では、改修か改築かといった二者択一の判断ではなく、改築を基本として、「現有建物の部材を利用して、一部分を復元する」という現実的な対応を加えました。

このような調整がまさに、課長として仕事を進める醍醐味でもあり、評価を高めることにつながっていくものです。

なお、グレーな問題を判断するときに、忘れがちなのが職員のことです。職員は、給与をもらって仕事をしている以上、自治を進めるプロとして、やるべきことはしっかりやるべきだ、とする考えがあると思います。

しかし、職員はかけがえのない自治体の財産です。保育所民間委託計画の取組みでは、住民との交渉で、体調を崩す職員が出てしまいました。幸い、短期の休暇で復帰できましたが、課長としては忸怩たる思いがありました。

原則を崩さずに、現実的な対応を行うときに、共に対応してくれる職員に思いを馳せることができる課長でありたいものです。

相手を動かすポイント

- ✓ 原理原則に立ち返り判断することを基本とする。
- ✓ 実効性を高めるために、現実的な対応を加味する。

04 住民との「我が町意識」のギャップを埋める

本市の住民は誰だ?

首都圏近郊では、勤務先の自治体に住んでいる職員の割合は決して高くありません。それゆえ、住民説明会を開催すると、説明内容に不満を持っている市民などから、冒頭の発言で「説明者の中に本市に住んでいる者は誰かいるのか」といった、質問とも非難ともつかない発言がよくあります。

こうしたときは、「本日は○○についての説明会です。ご質問の内容は説明内容と無関係なので、引き続き関連するご質問をお受けいたします」などと伝えるにとどめるのが一般的です。しかし、質問者からすれば、「地域に住んでいないよそ者に、何がわかるものか」といった思いがあるのでしょう。そこで、ときには、こうした思いに応えて、「私たちも、本市の将来を真剣に考え、計画を策定しているものであることはご理解ください」と切り返すこともあります。

このように、互いに真剣に向き合う中では、行政と住民の意識にギャップを感じざるを得ないこともあります。しかし、課長としてさまざまな施策を進めるにあたっては、地域住民の思いに寄り添って丁寧に対応することが求められます。

地域を知り、思いのベクトルを合わせる

こうした住民との意識の溝を埋めるためには、まずは、地域を知ることが大事です。比較的小規模な自治体の課長であれば、一般職員時代から地域を知っていると思いますが、合併などでエリアが広がったり、大きな自治体だったりする場合は、地域の状況を深く理解することはなかなか容易ではありません。

そこで、自分の担当する職務に関して、**できるかぎり地域に出向き、関係者と話をすることが大切**です。この場合でも、すでに解説した、短い会話の手法を有効に活用するとよいでしょう。

なお、財政部門など、いわゆる「官房系」といわれる内部管理部門の課長になった場合でも、職務との関係の中で地域のことを理解する姿勢は欠かせません。

私たち自治体職員も、地域に思いを馳せ、将来像について真剣に考えていること

を、地域住民に理解してもらうことが、良好な関係を築くきっかけになります。たまには、懇親の場に参加するのもよいと思います。**地域住民と職員との間にギャップが生じるのは、お互いをよく知らないことが主な原因**です。先の幼稚園併設の市民センター改築でも、検討委員会終了後には、懇親の場を設け、相互理解を図ってきました。こうした懇親の場で、会議では出せなかった意見交換を行ったことが、その後につながった要因の1つだと感じています。

私たちの自治体運営への熱い思いを住民が理解してくれれば、いろいろなことが円滑に進んでいくものです。地道に取り組んでいきましょう。

相手を動かすポイント

- ☑ **地域住民の思いに寄り添って、丁寧な対応を心がけよう。**
- ☑ **私たちの地域への思いを理解してもらう努力を怠らない。**

05

調整は多段階的に行う

メリット・デメリットを正確に伝える

言うまでもなく、「調整」とは、「いろいろな意見を、1つの方向性に向かい、折り合いをつけること」です。まさに、マネジャーとしての課長の役割です。調整は、必ず相手が存在します。このことを理解せず、自分の都合だけを相手に伝えて調整しようとする課長もいますが、相手の理解なくして「調整」は上手くいきません。

そこで、調整を行うときは、相手にとってのメリットやデメリットを正確に伝えましょう。その上で、相手に「自分にとってメリットがある」と感じてもらえるような説明をすることが重要であり、最低でも「迷惑がかからない」という認識を持ってもらわなければなりません。

そのためには、真摯な態度で、誠意を持った対応を大事にしてください。言い換えれば、**「相手を思いやる気持ちを持つこと、相手を窮地に立たせないこと」**ともいえるでしょう。こうした姿勢がないと、相手は、「○○課長は、自分の手柄のために調整しているのではないか」と思ってしまうかもしれません。相手の立場を配慮した真摯な調整を基本としていきましょう。

より丁寧な調整を実施する

STEP5「02 冒頭で趣旨と全体像を明確に示す」でもお伝えした、幼稚園併設市民センター改築検討委員会では、委員会再開にあたり、1人ひとりの委員に個別説明を行いました。この場合も、前述した、「相手の立場に立った、真摯で誠意を持った対応」を基本としたことは言うまでもありません。

日程調整の上、個別にご自宅に伺い、これまでの委員会で出された議論、地域の方の思い、そして何より今後の子どもたちの育ちの場の整備などのあり方をまとめた資料を持参して説明しました。

1人ひとりの意見を聞きながら、合意を得るための「水面下の調整」も、相手を窮地に立たせない、丁寧な取組みの1つと覚えておきましょう。

抵抗勢力を巻き込む

このように丁寧な調整を行っても、なかなか合意を得られない人もいます。前述の事例の中で、強硬に改築に反対する委員がいました。そこで私たちは、事務局案を作成するにあたり、彼とは事前に、相談レベルの打合せを行いました。実は、委員会の中で、彼が、一部の旧部材を再利用する提案をしていたことがあったのです。このことを中心に個別に相談し、彼を巻き込みながら、現存部材を一部使用した全面改築という、事務局案を作成していったのです。

単純に「抵抗している人」という認識を持たず、どのようにしたら、その人たちを巻き込んでいけるのかを考え、相手を思いやる気持ちになって調整することが合意を得ることにつながっていくのです。

課長としての醍醐味を味わう

調整には「相手を思いやる気持ちを持つこと」が重要であると解説してきました。しかし、**「相手を思いやること」と、「相手におもねること」はまったく違います。**決して相手におもねる必要はありません。本書で繰り返し指摘していますが、私たちも、自治体職員として、真摯に住民福祉の向上に取り組んでいるのです。このプライドを持ちながら、相手と対等、平等な立場に立ち、相手を尊重して仕事を進めることが、まさに課長としてのあるべき姿勢だと思います。

課長としての仕事の集大成といえるのが「調整」の仕事にあるのです。あなたも「調整力」のある課長として、さまざまな困難に挑んでいきましょう。

相手を動かすポイント

- ☑ 調整の基本は、相手を思いやる気持ちを持ち、窮地に立たせないこと。
- ☑ 調整は課長の役割として中心的な要素である。

[よくある質問 ⑦]

部長へのステップアップのために

Question

将来、部長になるために準備しておくことはありますか？

Advice

県主催の部長昇任時合同研修に参加したとき、「いるいる、こんな人。できない部長ウォッチング」と題して、例を挙げてくれました。

①自信がないために、仕事の要求水準が必要以上に高い。あまつさえ、時間の経過とともに、どんどんハードルを上げてくる。②細かいデータを持っていないと不安になり、部下が資料作りに追いまくられる。③首長答弁案の「てにをは」など、些細な部分を自分の趣味でいつまでもひねくり回す。部下一同は疲れ果て、「いい加減にしてよ！」と思う。しかも、本人が満を持して臨んだ首長答弁審査であっけなく答弁案をひっくり返される。④小言がネチネチと長い。部下は嫌味としか受け取れず、反省よりも反発が先に立つ。

一方、「できる部長」としては、①「大局観」を持っている。目先にとらわれず、世の中の情勢や潮流、将来の見通しを踏まえ、適時適切に決断を下せる。②部下の話をきちんと聞く。③相手の立場を尊重、理解しつつも「鳥の目」（マクロの視点）、「虫の目」（ミクロの視点）、「魚の目」（潮流を読む）に立って説得する。④現場からの情報収集を大切にし、現場の視点に立ち、愚痴を言わず、前向きである。

優秀な課長がいても、部としてのハーモニーを響かせるには、優秀な指揮者としての部長が必要です。部長から学びつつ、課長としてワンランク上の仕事を意識していきましょう。

おわりに　最後に伝えたい、3つのこと

ここまでお付き合いいただき、本書を読んでくださった読者の皆さんに、まず、お礼申し上げます。

本書は、これまで実施してきた職員研修や管理職の勉強会などで作成した資料、取り組んできた事例について、自治体の課長の皆さんに少しでも役立つよう、実践的な内容を中心にまとめたものです。筆を置くにあたって、3つのことを、課長の皆さん、そして課長を目指す皆さんへのエールとして贈りたいと思います。

1つ目は、**自分の体を大事にする**ことです。

私は、健康に自信があり、絶対に体調を崩すことはないと思っていました。しかし、行財政計画を担当した課長時代に、平均して1週間に3回の住民折衝を繰り返す中で、1月の終わり、体の震えが止まらず、精神科を受診しました。たまたま知り合いの医師で、「疲れているだけだね。脳は限界がくるまで頑張るので、よい睡眠をとるようにしましょう」と言って、精神安定剤と睡眠導入剤を処方してくれました。こ

のときほど、熟睡のありがたみを感じたことはありませんでした。幸い、服薬だけで休むことなく何とか課題を解決し新年度を迎えることができました。

このことは、管理職として、とてもよい機会を得たと思っています。これを機に、メンタルを病みそうな職員にも、体験談を交えてアドバイスができるようになりましたし、何より、精神的にきつくなったら通院すればよいという認識を持てました。一般職員時代に比べると、課長の仕事は、ストレスの溜まりやすいものです。つらくなったら誰かに相談し、ときには立ち止まり、医師の力を借りることも、組織のリーダーとして大事な資質と認識しておきましょう。

2つ目は、**やりたいことができることに、素直に喜びを持つ**ことです。

課長として、皆さんが仕事を楽しむ後ろ姿を見て、管理職の仕事に魅力を感じる後輩職員を一人でも多く育てましょう。そのことが、自治体の活力の源になるはずです。

最後に、**真摯な仕事ぶりを貫き、信頼される課長になってください。**

私はこれまで、組織管理論、人事管理論に関するたくさんの書籍を読んできました。その中で感銘を受けたのが、P・F・ドラッカーの『マネジメント［エッセンシャル版］基本と原則』（P・F・ドラッカー著、上田惇生編訳、ダイヤモンド社）です。ドラッカーの指摘する「マネジャーは真摯であれ」という言葉は、課長としての役割を理解する上で、とても参考になると思います。

ドラッカーは、真摯さの欠如として、次の5点を指摘しています。①強みよりも弱みに目を向ける者、②何が正しいかよりも、誰が正しいかに関心を持つ者、③真摯さよりも、頭の良さを重視する者、④部下に脅威を感じる者、⑤自らの仕事に高い基準を設定しない者です。課長としての仕事を進める姿勢として、ぜひ、ドラッカーの指摘する「真摯さ」を持ち続けていきましょう。

「はじめに」でも述べたとおり、課長として自治体を運営する醍醐味を感じることができるよう、「楽しくて、充実した管理職の旅」を存分に楽しんでください。

最後に、この本を出すにあたって、編集・構成等で伴走いただいた株式会社学陽書房の村上広大さんに感謝申し上げます。

2018年4月

松井　智

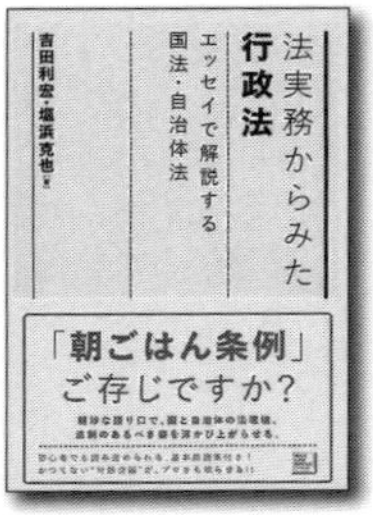

法実務からみた行政法
エッセイで解説する国法・自治体法

吉田利宏・塩浜克也著／日本評論社

公務員の仕事はすべて根拠法令があります。特に、行政法の基本的な理解は必須です。本書は、豊富な事例がエッセイ形式でとてもわかりやすく解説されており、行政法を理解する上で、おすすめの書籍です。

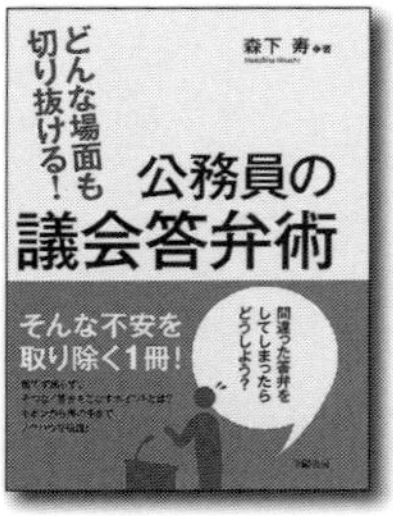

どんな場面も切り抜ける！
公務員の議会答弁術

森下寿著／学陽書房

議会答弁は管理職の仕事の中で重要なものの１つ。「どんな準備をすればよいか」「何をどこまで話せばよいか」「何をどのように話せばよいか」といった基本的な内容をわかりやすく解説してある１冊。特に「議会答弁OKフレーズ・NGフレーズ」は必読です。

いちばんやさしい地方議会の本

野村憲一著／学陽書房

議会対応は、議会の仕組みそのものを理解することから始まります。「議員とはどのような人か」「地方議会はどのように構成されているか」「地方議会はどのように運営されるか」など、わかりやすく解説されています。

アサーション入門
自分も相手も大切にする自己表現法

平木典子著／講談社現代新書

心地よいコミュニケーションを取るためのヒントが満載。自分も相手も大切にする自己表現方法を身につけることは、調整の仕事が増える課長にとって有益なこと。アサーション・トレーニングを始める入門書として最適です。

ブックガイド　課長になったら読んでおきたい本

マネジメント〔エッセンシャル版〕基本と原則

P．F．ドラッカー著・上田惇生編訳／ダイヤモンド社

人事・組織管理の決定版。管理職としての指針とすべき基本と原則を知ることができる貴重な１冊。「もし高校野球の女子マネージャーがドラッカーの『マネジメント』を読んだら」（岩崎夏海著／ダイヤモンド社）をインデックスとして活用しながら本書を読むのがおすすめ。

会議の政治学

森田朗著／慈学社出版

会議を円滑に進めるためのヒントが満載。混乱なく無難な結論に至るために、どのように委員を選定するか。さらには資料の作成、日程調整にいたるまで、会議を効率的・生産的にするノウハウを知ることができます。ぜひ、ご一読を。

あなたが部下から求められているシリアスな50のこと

濱田秀彦著／実務教育出版

「ほとんどの上司は、部下が求めていることを知らないままマネジメントをしているのです」「上司が実現したい職場作りの最大の障害は、他ならぬ自分自身だったのです」など、部下から求められている具体例を知ることができます。

行動科学を使ってできる人が育つ！教える技術

石田淳著／かんき出版

部下に仕事を教えるのは上司の役目。「目からうろこ」の指導方法が満載。行動科学の知見から何をすべきなのか、何を重要視すべきなのかを具体的に解説してあります。「教える技術」は身につけておくと必ず役に立つはず。

著者紹介

松井　智（まつい・さとし／筆名）

基礎自治体の管理職（部長職）。児童福祉、障害者福祉の現場を経て、管理職として、自治体経営改革、生活保護、保育、子育て支援、企画、教育部門を幅広く経験する。人材育成などの研修講師を行う。

公務員の「課長」の教科書

2018年５月９日　初版発行
2024年８月20日　５刷発行

著　者　松井《まつい》　智《さとし》
発行者　佐久間重嘉
発行所　学 陽 書 房
〒102-0072　東京都千代田区飯田橋1-9-3
営業部／電話　03-3261-1111　FAX　03-5211-3300
編集部／電話　03-3261-1112　FAX　03-5211-3301
http://www.gakuyo.co.jp/

ブックデザイン／スタジオダンク
DTP 制作・印刷／精文堂印刷
製本／東京美術紙工

ISBN 978-4-313-15089-8 C0034